Über die Autoren

Dieter Neumann, 52, ist Generalstaatsanwalt beim Berliner Kammergericht und damit der oberste Strafverfolger in Berlin. Er ist deutscher Chefankläger im Komplex Carlos/Weinrich.

Wilhelm Dietl, 39, ist Journalist und Fachautor in den Bereichen Terrorismus, Extremismus, Waffenhandel, Geheimdienste und Naher/Mittlerer Osten. Er hat dazu bereits mehrere Bücher geschrieben, zuletzt »Waffen für die Welt« (München 1986) und »Die Agentin des Mossad« (Düsseldorf 1992). Er arbeitet als Reporter für das Nachrichtenmagazin FOCUS und zeichnet mitverantwortlich für den monatlich erscheinenden Informationsdienst »Terrorismus, Extremismus, Organisierte Kriminalität.«

Wilhelm Dietl

CARLOS

Das Ende eines Mythos

Die Jagd nach dem Top-Terroristen

Mit einem Vorwort von
Dieter Neumann

BASTEI
LÜBBE

BASTEI-LÜBBE-TASCHENBUCH
Band 61 330

Erstveröffentlichung
©1995 by Gustav Lübbe Verlag GmbH,
Bergisch Gladbach
Printed in Germany, Januar 1995
Einbandgestaltung: Roberto Patelli, Köln
Bildnachweis: dpa, Düsseldorf (Titelbild, Bildtafeln S. 11, 16)
alle übrigen Abbildungen aus dem Privatbesitz des Autors
Satz: Textverarbeitung Alessandra Schwarz, Köln
Druck und Bindung: Ebner Ulm
ISBN 3-404-61330-9

Inhalt

I
Vorwort

Der Terrorismus ist nach wie vor existent. Dies hat die Welt gerade in den letzten Wochen und Monaten wieder einmal leidvoll zur Kenntnis nehmen müssen. Es wird uns nicht gelingen, ihn auszurotten, aber wir müssen uns wehren. Nicht nur seitens der Betroffenen, sondern weltweit muß es zur Ächtung und zur Verfolgung von Terroranschlägen kommen. Nur dann haben wir eine Chance, den Terrorismus zuzückzudrängen.

Deshalb ist die Festnahme von Carlos ein so wichtiger Erfolg in der Bekämpfung des internationalen Terrorismus, nicht weil wir einen der gefährlichsten und skrupellosesten Täter der 70er und 80er Jahre gefaßt haben, sondern weil damit deutlich wurde, daß es keine Sicherheit für Terroristen gibt. In der Festnahme von Carlos zeigt sich der Wille der durch die Terroranschläge drangsalierten Länder, ihren Strafanspruch nicht aufzugeben, auch nach Jahrzehnten nicht. Nur darin liegt unsere Chance, im unermüdlichen Verfolgungswillen. In keinem Land der Welt darf der Terrorist sich geschützt fühlen. Die Staaten, die Terroristen sicheren Unterschlupf gewähren, werden immer weniger. Früher hofierte und gern gesehene »Gäste« werden lästig, man versucht sie loszuwerden. Ruhezonen werden rar. Es muß endgültig vorbei sein mit der lange geübten Praxis vieler Länder, sich dem Problem bewußt nicht zu stellen, sondern sich schon zufriedenzugeben, wenn man gerade nicht selbst Opfer eines Anschlags war. Es muß Schluß sein mit dem Wohlverhalten von Staaten gegenüber Polit-Tätern, nur um Schwierigkeiten zu entgehen. Für mich ist es noch heute unbegreiflich, daß es bis zu seiner Festnahme im August 1994 nur einen einzigen internationalen Haftbefehl gegen Carlos gab, und zwar den aus dem Jahre 1983 aus Berlin. Alle anderen Staaten, die Opfer von Terroranschlägen geworden waren, waren bei der Durchsetzung ihres Verfolgungsanspruchs und Verfolgungswillens sehr zurückhaltend. Frankreich kann hier jedoch seit einiger Zeit als positive Ausnahme gelten. Die jetzige Zusammenarbeit ist hervorragend und, wie die Festnahme von Carlos zeigt, auch erfolgreich.

Die entscheidenden Impulse für die erfolgreiche Suche nach Carlos und seiner Bande kamen aus Deutschland. Hätte sich die Berliner Staatsanwaltschaft nicht seit mehr als zehn Jahren so nachhaltig um den Gesamtkomplex gekümmert – und dabei insbesondere nach dem Fall der Mauer die nunmehr zugänglichen Akten bis zur letzten Zeile ausgewertet, Kontakte ins Ausland aufgebaut, hier Voigt vor Gericht gebracht, gegen Nabil Shritah und Faisal Summak ermittelt usw. – dann wäre Carlos möglicherweise noch heute in Khartum oder sein Aufenthaltsort wäre unbekannt.

Auch das Bundeskriminalamt engagierte sich mit allen seinen Möglichkeiten. Ohne seinen Einsatz wäre dieser Erfolg nicht denkbar gewesen. Nicht unerwähnt bleiben soll, daß auch die Berichterstattung der Presse in vielen Punkten hilfreich und verfahrensfördernd war.

Weitere Erfolge, sei es bei der Aufklärung der Zusammenhänge, seien es Festnahmen, sind zu erwarten. Auch Johannes Weinrich wird seiner gerechten Strafe nicht auf ewig entgehen.

Dieter Neumann

II
Der
Designer-Terrorist

1. Khartum I

Der füllige, mittelgroße Mann mit dem dünnen Oberlippenbart reichte seinen libanesischen Diplomatenpaß über den Tresen. Abdallah Barakat, las der sudanesische Polizeibeamte. Er konnte nichts Auffälliges entdecken. Ein Visum war nicht notwendig, da der Reiseverkehr innerhalb der immer wieder sentimental als Großfamilie beschworenen arabischen Welt weitgehend genehmigungsfrei abläuft. Abdallah Barakat schwitzte, als er den klimatisierten Flughafen verließ.

»*Welcome to the Federal Republic of Sudan*«, begrüßte ihn ein großes Transparent. die Umgebung sah aus, als wäre er mitten in der unendlichen Wüste gelandet. Sand, nichts als Sand. Und dazu die schwer erträgliche Hitze.

Was nur wenige wußten: Abdallah Barakat wurde bereits erwartet. Seine Freunde beim sudanesischen Geheimdienst waren über ihn bestens informiert. Es sollte so ablaufen, wie schon oft in seinem Leben. Einige Leute würden zu seinem Schutz abgestellt werden. Er würde viel Zeit in Luxushotels verbringen – sie hatten ihn schon immer fasziniert. Und er würde später in ein abseits gelegenes, gut zu sicherndes Haus ziehen. Keiner wußte, wie lange er bleiben wollte.

Schließlich sollte dann genau ein Jahr daraus werden.

Abdallah Barakat hatte sich, mehr der Not als eigenem Antrieb gehorchend, für ein neues Versteck entschieden. Die Voraussetzung: Das Gastgeber-Regime mußte ihm freundlich gesinnt und im Prinzip gegen die Mächte des Westens eingestellt sein. Außerdem sollte es nicht zu weit entfernt von möglichen Bündnispartnern und alten Kampfgefährten liegen. Es gibt kaum noch sichere Fluchtburgen, und der Sudan ist den Schnittstellen des Nahen Ostens relativ nahe. So kam das für normale Reisende nur schwer zugängliche, flächenmäßig größte Land des afrikanischen Kontinents – es ist siebenmal so groß wie die Bundesrepublik – für den erneuten Rückzug in Frage.

Abdallah Barakat heißt in Wirklichkeit Illich Ramirez Sanchez. Die Welt kennt ihn seit zwei Jahrzehnten als Carlos, den Super-Terroristen. Ein Name, dem wohl zu gleichen Teilen ein durch viele sinnlose Morde erworbener Schrecken und gleichzeitig ein künstlich geschaffener Mythos anhaftet.

Als er im Sudan, der letzten Station seines Lebens in Freiheit, eintraf, war Carlos längst ein ausgedienter, »pensionierter« Lohnkiller. Sein ausgeprägter Hang zum Luxus und zur dramatischen Selbstüberhöhung sollte ihn aber auch in diesen zwölf Monaten nicht verlassen. Allerdings konnte ihm das in einer Stadt wie Khartum kein Glück bringen.

Das Ballungszentrum am Zusammenfluß von Blauem und Weißem Nil ist in vieler Hinsicht eine Frontstadt, wenn es der Besucher auch nicht gleich erkennt. Hier leben vier Millionen Menschen, ein Fünftel aller Sudanesen, von denen die meisten als bitter arm einzustufen sind. Gerade diese Schicht vermehrt sich in einem beängstigenden Tempo, unerreichbar für die Resolutionen von UNO-Bevölkerungskonferenzen.

Die erste sudanesische Front verläuft zwischen der muslimisch-arabischen Mehrheit im Norden und der christlich-afrikanischen Minderheit im Süden. Seit Beginn der Unabhängigkeit des Landes von den Engländern 1956 führen beide Seiten einen ebenso überflüssigen wie aufwendigen Bürgerkrieg. Zwischendurch herrschte elf Jahre lang so etwas wie ein Waffenstillstand. 1994 wurde dafür wieder um so erbitterter gekämpft. Es geht um Religion und Macht, um Rohstoffe und Wasservorräte. Dafür starben bislang über zwei Millionen Menschen.

Im Sudan tobt ein in der restlichen Welt beinahe vergessener Krieg. Für den christlichen Süden ergreifen vor allem Organisationen wie Misereor oder der Weltkirchenrat Partei. Auch die Flüchtlingsorganisationen haben alle Hände voll zu tun. Der Krieg und die durch ihn ausgelösten wiederkehrenden Hungersnöte haben vier Millionen Menschen entwurzelt. Die Hälfte von ihnen vegetiert in Elendslagern am Stadtrand von Khartum dahin. Einige 100 000 wurden in südlichen Landesteilen angesiedelt. 370 000 weitere Sudanesen sind aus dem Land geflüchtet. Es gibt keine Hilfsprogramme, die ihr Schicksal langfristig verbessern könnten. Ein Volk ohne Hoffnung.

Der Krieg im Süden, das Elend in den Slums von Khartum und die allgemeine wirtschaftliche Lage hängen untrennbar zusammen. Eigentlich ist der Sudan bankrott. Das Militärregime in der Hauptstadt gibt täglich zwei Millionen Dollar für die Ermordung der eigenen Bevölkerung aus. Im Jahr summiert sich das auf 60 Prozent des Staatshaushalts. Ein solches Abenteuer treibt die Inflationsrate auf 300 Prozent.

Die Schwarzmarktpreise für rare Genußmittel steigen unvorstellbar schnell. Ende 1993 kostete beispielsweise Zucker mehr als zwanzigmal soviel wie im Januar 1993. Der Preis für Treibstoff stieg um das

Zehnfache. Ein Sudanese verdient zwischen zehn und fünfzig Mark im Monat. Dafür kann er sich nicht viel leisten, keinesfalls mehr als eine Mahlzeit am Tag. Das Grundnahrungsmittel ist Hirse. Fast alle Menschen hungern. Ihr Alltag bedeutet Verzweiflung.

Krieg Nummer zwei hat politisch-religiöse Ursachen. Carlos' letzte Zuflucht war der erste islamisch-fundamentalistische Staat der arabischen Welt, also eine Art Iran des schwarzen Kontinents. Im März 1985 säuberte der damalige Diktator Jaafar Mohammed al-Numeiri, selbst ein Strenggläubiger, in letzter Minute seine Regierung von den Fundamentalisten. Dieser Schachzug nutzte ihm nichts mehr. Er wurde gestürzt und flüchtete ins ägyptische Exil.

Sadeq al-Mahdi, der Urenkel des legendären Freiheitshelden vom Nil, wurde zum Präsidenten gewählt. Vier Jahre dauerte die demokratische und relativ ereignislose Phase. Als die Wirtschaft noch mehr am Boden lag als bisher, versuchte al-Mahdi mit der »Sudanesischen Volksbefreiungsarmee« (SPLA) des Südens Frieden zu schließen. Das mißfiel dem Militär. Es putschte und etablierte den asketischen und bis dahin kaum bekannten Brigadier Omar Hassan Ahmed al-Baschir an der Staatsspitze. Seither sitzt der farblose Potentat im Präsidentenpalast, ein Strohmann der Islamisten.

Der wirklich starke Mann des Sudan heißt Dr. Hassan Abdallah al-Turabi. Er ist der Chefideologe des Regimes und Frontmann der alleinherrschenden Nationalen Islamischen Front (NIF), des sudanesischen Ablegers der international agierenden Moslembruderschaft. Ein beeindruckender Redner und brillanter Denker. Der Vierundsechzigjährige gilt seit Khomeinis Tod als weltweiter Kopf des militanten Islam. Amerikanische Experten bezeichneten ihn nicht ohne Grund als »Lenin des Islam«.

Der heute einflußreichste Analytiker und mächtigste Führer seiner Glaubensgemeinschaft vertritt einen antiwestlichen Kurs, obwohl er dies in Interviews immer wieder relativiert. Al-Turabi weiß, wovon er spricht, da er viele Jahre seines Lebens in England und Frankreich verbracht hat. Der dunkelhäutige Dritte-Welt-Stratege studierte in London und Oxford. An der Pariser Sorbonne promovierte er über Verfassungsrecht. Das war 1964. Fünf Jahre später erreichte er sein erstes politisches Ziel: Hassan al-Turabi gelangte an die Spitze der bis dahin eher stagnierenden Moslembruderschaft von Khartum.

Im selben Jahr putschte sich Oberst Numeiri an die Macht, und der aufstrebende Islamist Turabi mußte vorübergehend in das Land seiner Sponsoren fliehen – nach Saudi-Arabien. Der Intellektuelle erkannte seine Chance und begann, die 350 000 Sudanesen in Saudi-Arabien zu indoktrinieren. Er sammelte Geld und finanzierte jungen Landsleuten das Studium an europäischen Universitäten. Sie sollten später zum harten Kern seines mächtigen Geheimbundes werden.

Schon früh setzte Turabi auf soziale Stiftungen und Hilfsorganisationen wie die »Islamisch-Afrikanische Hilfsagentur«, die sich heute intensiv um die Armen südlich der Sahara kümmern. Mit solchen Instrumenten wird massiv islamische Mission betrieben.

1977 offerierte Numeiri seinen politischen Gegnern »nationale Versöhnung«. Turabi nutzte die Gelegenheit und kehrte mit einem großen Stab bestens ausgebildeter Moslembrüder an den Nil zurück. Von kurzen Gefängnisaufenthalten, wenn wieder einmal jemand geputscht hatte, unterbrochen, bekleidete Turabi seither stets Schlüsselpositionen. Er überlebte die Regierungen Numeiri und Mahdi und ist der starke Mann hinter Baschir.

Turabi gelang es in den letzten Jahren, sein Konzept des »Heiligen Krieges« zur Grundlage von Innen- und Außenpolitik zu machen. Er schaffte die Regierung in der alten Form ab und gründete einen sogenannten »Rat der Vierzig«. Die meisten Angehörigen dieses Rates haben nicht viel zu sagen. Ein harter Kern von einem halben Dutzend islamischer Integristen hat den Sudan in der Hand. Turabi steuert dieses Gremium, und auch die Marionetten-Regierung Baschir.

Turabi hat sein Lebensziel – einen islamischen Staat Sudan – also beinahe erreicht. Bei einem umfangreichen Gespräch mit dem Autor sagte der damalige Justizminister 1982: »Religiöse Energie ist atemberaubend. Wenn man sie freisetzt, ohne ein konstruktives Programm zu besitzen, kann sie alles zerstören, auch uns selbst.«

Carlos, ein Kommunist mit Resten von internationalistischer Leidenschaft, ein starker Trinker mit einem Hang zu leichten Mädchen und zur Selbstinszenierung, war in einem puritanischen Staat, der alle seine Aktionen und Ideale mit dem Wort Gottes begründet, völlig fehl am Platze. Seine Liaison mit dem Sudan konnte nicht lange gutgehen. Mit der Übersiedlung vom für ihn lange Zeit sicheren sozialistischen Syrien hatte er einen entscheidenden Fehler begangen. Es war sein Pech, daß er es zu spät bemerkte.

In Carlos' Umfeld hatte man bestimmt davon gesprochen, daß der heiße Sudan dem Libanon seinen Rang als sicherer Heimathafen international aktiver Terroristengruppen abgelaufen hatte. Nach der Machtübernahme durch den ehemaligen Fallschirmjäger Omar al-Baschir hatte der Sudan den Kuwait-Besetzer Saddam Hussein unterstützt und war dann zu den Iranern umgeschwenkt. In Khartum gingen plötzlich die Radikalen aus Tunis und Algier ein und aus. Der Führer der tunesischen Fundamentalisten reiste mit einem sudanesischen Diplomatenpaß. Ausgesprochen mißtrauisch beobachteten Amerikaner und Ägypter das neue Geschehen im Sudan. Sie konnten eine Gefährdung der westlichen Interessen in Kairo nicht mehr ausschließen.

Hassan al-Turabi bekam den Beinamen »Pate des internationalen Terrorismus«. Gleichzeitig setzte Washington das Regime in Khartum auf die gefürchtete Liste der Terrorunterstützer. Eine solche Aktion tut weh, da sie für den betroffenen Staat zu wirtschaftlichen Nachteilen führt.

Ab 1992 erschienen immer neue Informationen über die sudanesische Gastgeberrolle für internationale Terroristen. Führende Zeitungen wie die »New York Times« orteten Ableger von Abu Nidals Organisation, der libanesischen Hisbollah und dem »Islamischen Heiligen Krieg« in Khartum. Häufig war die Rede von wichtigen iranischen Staatsbesuchen – Rafsandschani kam mit Hunderten von Begleitern und drei Jumbo-Jets – und vom Iran geführten Ausbildungslagern.

Die Forschungsgruppe für »Terrorismus und unkonventionelle Kriegsführung« des Washingtoner Repräsentantenhauses lieferte mehrere Sudan-Studien, jedoch keine greifbaren Beweise. Manches paßte ins Bild, so auch das vorübergehende Asyl für den ägyptischen Fundamentalistenführer und späteren Drahtzieher des Anschlags auf das New Yorker World Trade Center, Scheich Omar Abdelrahman.

Im August 1993, zeitgleich mit Carlos' Umzug nach Khartum, berichtete der deutsche »Informationsdienst

Terrorismus« über die Ausbildung sudanesischer Extremisten im Iran und über das Engagement ausländischer Terroristen im Sudan. Die Informationen kamen aus ägyptischen Quellen:

»Besorgt ist man in Kairo auch darüber, daß Syrien sich jetzt an der Ausbildung von islamischen Terroristen im Sudan beteiligt. Die Lager zur Ausbildung von Terroristen aus mehreren Ländern, insbesondere aus dem Libanon, sind bereits seit mehr als einem Jahr ›in Betrieb‹. Bislang war es den iranischen Revolutionswächtern vorbehalten, diese Ausbildung zu leiten. Im vergangenen Jahr aber wurde ein elfwöchiger Kurs im sudanesischen Ort Shamdi beendet, dessen handwerklicher Teil von drei syrischen Offizieren überwacht und geleitet worden war. Daran nahmen rund 30 Terroristen aus Algerien, Ägypten, Tunesien, Mauretanien und dem Sudan teil.

Die Syrer, ein Leutnant und zwei Hauptleute, kamen in der fünften Woche der Ausbildung und blieben bis zum 14. Juni. Ihr Spezialgebiet ist der Umgang mit Sprengstoff, die Tarnung, der Gebrauch leichter Handfeuerwaffen und die Organisation in kleinen Operationseinheiten. Die Iraner konzentrierten sich auf Verwaltungsaufgaben und auf Indoktrination. Die Syrer verwandten nur Decknamen und gaben ihre Identität nicht preis. Bei den ausgebildeten Terroristen handelte es sich um jederzeit abrufbare Kommandos, die, so befürchtet man in Kairo, vorwiegend in Ägypten eingesetzt werden sollen.

Die Beteiligung der Syrer beurteilt man wohlwollend als ›Rückversicherungspolitik‹. Damaskus wolle informiert sein über die Terror-Aktivitäten Teherans und verhindern, daß fundamentalistische Gruppen auch in Syrien aktiv werden. Weniger wohlwollende Experten meinen, daß Syrien eine Doppelstrategie betreibe: Zum einen die Annäherung an den Westen und an Israel – man braucht dringend Wirtschaftshilfe – zum anderen das ›Mitmischen‹ in der nahöstlichen Terrorszene, die demnächst wieder (auch in Europa) virulenter zu werden drohe, und für die der Sudan offensichtlich zur Drehscheibe werden soll.«

Eine Überlegung, die bei der Frage, warum Carlos seinen langjährigen Wohnsitz in Damaskus aufgeben mußte, noch eine Rolle spielen kann.

Auf alle Fälle gibt es im Sudan eine Vielzahl von spannenden Loyalitäten und überraschenden Verbindungen. Man kann auch im Falle dieses Landes von einer Doppelstrategie sprechen. Die Front ist niemals richtig erkennbar und läßt sich erst dann erahnen, wenn gelegentlich auf einer Seite Opfer zu beklagen sind.

Der Sudan hatte eine wichtige Funktion, als es noch zwei politische Blöcke gab und der Kalte Krieg zwischen den beiden ihre vordringliche Aufgabe war. Noch zur Zeit von Numeiri gelang es den Amerikanern, enge Beziehungen zum Sudan aufzubauen. Sie zogen ihn aus dem Sowjet-Lager auf ihre Seite und polsterten die ungleiche Partnerschaft mit Dollars aus. Der strategisch wichtige Staat am Horn von Afrika bekam viele Millionen Dollar Entwicklungshilfe. Allein zwischen 1980 und 1985 wurden jährlich 100 Millionen Dollar Militärhilfe an den aggressiven Sudan überwiesen.

In Fachkreisen hält sich seither die Ansicht, daß Khartum die größte CIA-Station der Region beherbergte. Von hier aus beobachteten die Amerikaner

Gaddhafis Libyen, die Marxisten in Äthiopien und die Kommunisten im Südjemen. Oberst Fatih Irwa wurde von der CIA gekauft. Er beaufsichtigte im Auslands-Nachrichtendienst die Region um das Horn von Afrika und pflegte enge Kontakte mit den Befreiungsbewegungen in Äthiopien und Eritrea. Der Colonel half auch den Israelis, als sie 1984 mit ihrer Geheimoperation »Moses« begannen, die äthiopischen Juden zu retten und über den Sudan ins Gelobte Land auszufliegen.

Vize-Präsident George Bush besuchte den Sudan mehrere Male. Erst gegen Ende der achtziger Jahre floß die Finanzhilfe etwas langsamer. Vom US-Botschafter in Khartum, Norman Anderson, wird überliefert, er habe sich auch im Putschjahr von Omar al-Baschir noch für eine Steigerung der Militärlieferungen ausgesprochen: »Wir können nicht alleine mit unserem Charme gewinnen.«

In den schwierigen Zeiten der Terror-Vorwürfe und trotz enger Kontakte des Sudans mit Bagdad und Teheran riß der Draht nach Washington nicht ab. Die dortigen Sicherheitskreise arbeiten mit zwei Kontaktleuten beim sudanesischen Dienst zusammen: Hamad el Murtada Mamoun und Oberst Fatih Irwa, der eine solide Stasi-Ausbildung genossen haben soll. 1990 und 1991 unterstützten die Amerikaner Baschirs Streitkräfte mit jeweils 1,5 Millionen Dollar.

Im Dezember 1993 wurde der Sudan wegen seiner andauernden Menschenrechtsverletzungen und wegen des Bürgerkriegs vom Internationalen Währungsfond ausgeschlossen. Die Europäische Gemeinschaft verhängte ein Waffenembargo, und der neue US-Präsident Bill Clinton wurde von humanitären und religiösen Organisationen gedrängt, bei der UNO auf Sanktionen gegen den Sudan zu drängen.

Sollten die amerikanischen Freunde aufgrund politischer Widrigkeiten vorübergehend ausfallen, dann würden die in Afrika ohnehin seit viel längerer Zeit vertretenen Franzosen sofort zur Verfügung stehen. Der französische Auslandsnachrichtendienst, die »Direction générale de la sécurité extérieure«, kurz DGSE, unterhält in fast allen afrikanischen Staaten schlagkräftige Residenturen. In einigen Ländern sollen die französischen Agenten sogar die Regierungsgeschäfte vorbereiten.

Im Sudan beobachten sie mißtrauisch die Aktionen von Hassan Turabi, vor allem, wenn sie sich gegen ihre Schützlinge in Tunesien und Algerien richten. Die DGSE funktioniert in Afrika wie ein zweites Außenministerium. Sie ist in ein System von Allianzen eingebunden und legt darüber nur dem Elysée-Palast Rechenschaft ab. Für Mitterrand sind die Afrika-Kontakte Chefsache. Er spricht mit jedem Staatschef aus dem Bereich der ehemaligen Kolonien persönlich. Sein Sohn Jean-Christophe leitet ein Koordinationskomitee namens »cellule africaine«.

DGSE-Direktor Claude Silberzahn muß regelmäßig den Vorgesetzten im Verteidigungsministerium über seine zahlreichen Afrika-Reisen und die Erkenntnisse seines Dienstes berichten. Vieles davon stammte in den vergangenen Jahren vom Residenten der DGSE im zentralafrikanischen Bangui, Oberst Jean-Claude Mantion. Der eigenwillige Geheimdienst-Veteran wurde wenige Wochen vor der Festnahmeaktion in Khartum in den Ruhestand nach Neukaledonien versetzt. Sein ständiger Ansprechpartner war übrigens Fatih Irwa gewesen, mittlerweile Nationaler Sicherheitsberater mit Ministerrang im Amt des sudanesischen Präsidenten.

Diese intime Nähe sowohl der Amerikaner als auch der Franzosen zu einem an der Oberfläche antiwestlichen Regime ist auch ein Teil des Alltagsgeschäftes bei den geheimen Diensten. Das hatte Carlos übersehen.

Nach seiner Ankunft im August 1993 mußte er sich erst einmal mit den lokalen Strukturen vertraut machen. In den ersten beiden Monaten lebte der Venezolaner in zwei Luxushotels der sudanesischen Hauptstadt – im Grand Hotel und im Hilton. Beide liegen ein Stück voneinander entfernt in der Sharia el Nil, unweit des Flusses. Das Hilton war ihm angenehmer, weil er dort stets eine seiner Leibspeisen serviert bekam: Kaviar aus dem Reich der iranischen Ayatollahs. Ein Novum in Khartum.

Wann immer Carlos in der Öffentlichkeit zu sehen war, begleiteten ihn drei »Freunde«. Nach der offiziellen Version soll es sich um durchtrainierte palästinensische Bodyguards aus der »Volksfront für die Befreiung Palästinas« (PFLP) des legendären George Habbasch gehandelt haben. Carlos hatte zu Beginn seiner Terroristenkarriere für einen militanten Ableger dieser Gruppe gearbeitet. Und Habbasch war ihm stets verbunden geblieben.

Wer die von Geheimdienstagenten und Militärs beherrschte Gesellschaft des Sudan kennt, der kann eine zweite Möglichkeit nicht zurückweisen – daß es sich nämlich um drei sudanesische Leibwächter handelte. Schließlich war dem Regime sehr daran gelegen, die Anwesenheit des einst meistgesuchten Mannes der Welt geheimzuhalten, um nicht noch stärker mit dem internationalen Terrorismus in Verbindung gebracht zu werden. Auch am Ende der zwölf Monate, bei der Festnahme des mittlerweile ungeliebten Gastes, bemühten sich die Sudanesen sehr intensiv, das eigene Gesicht zu wahren.

Und dann gab es da noch die achtundzwanzigjährige Zeina »Zaphira«, eine Studentin der Zahnheilkunde aus Amman. In Jordanien hatte Carlos die langhaarige, langbeinige Palästinenserin kennengelernt und sich in sie verliebt. Carlos ließ seine Gespielin in den Sudan nachkommen und zeigte sich immer wieder mit ihr. Der inzwischen vierundvierzigjährige Bandenchef genoß es sichtlich, mit dieser jungen, hübschen Frau aufzutreten.

Auf einem heimlich aufgenommenen Foto des französischen Inlandsdienstes DST (»Direction de la surveillance du territoire«) geht sie einen Schritt hinter ihm. Er trägt einen schwarzen Anzug, ein weißes Hemd und eine passende Krawatte – und lächelt zufrieden. Sie amüsiert sich und blickt geradewegs in die Kamera. Macho Carlos hatte viel Freude mit seiner Freundin, die er Lana nannte.

Erstaunlicherweise ähnelt dies dem Namen seiner Frau, von der er sich im Oktober 1992 getrennt hatte. Magdalena und die gemeinsame Tochter Rosa waren damals von Damaskus nach Venezuela umgezogen und von der Familie Ramirez Sanchez aufgenommen worden. Die siebenjährige Tochter war zuvor auf Geheiß des Vaters in der Beiruter Botschaft Venezuelas naturalisiert worden: das bedeutet, sie bekam die Staatsbürgerschaft des Vaters.

Carlos ging erst nach einigen Wochen daran, sich in Khartum eine Legende aufzubauen. Er sei, so erzählte er allen, die es hören sollten, ein reicher libanesischer Diplomat, der im Auftrag der Syrer und der Emirate Öl verkaufe. An seinem Reichtum zweifelte niemand, weil Carlos in den Hotels sein Geld mit vollen Händen ausgab. Er trug stets Bündel mit Dollarnoten bei sich – ein absoluter Kontrast zum Alltag in einem der ärmsten Länder des Nahen und Mittleren Ostens.

Carlos alias Abdallah Barakat telefonierte sehr viel. Der sudanesische Staatssicherheitsdienst bemerkte es und schaltete sich ein. Der angebliche Diplomat sprach am Telefon plötzlich einen anderen Akzent als den libanesischen. Er wählte häufig arabische Gesprächspartner in Europa und im Nahen Osten an, aber auch seine Familie im fernen Venezuela. Alles zusammen machte ihn verdächtig. Da an einem Ort wie Khartum der eine Dienst nicht weiß, was der andere tut, geriet Carlos immer mehr ins Visier der Geheimen.

Zur Weihnachtszeit wollte die sudanesische Staatssicherheit, die bislang noch nicht informiert war, genau wissen, mit wem sie es zu tun hatte. Also wurde Abdallah Barakat kurzerhand für einige Tage zur Identitätsfeststellung inhaftiert. Irgendwann erfuhr auch Oberst Fatih Irwa von dem prominenten Besucher.

Noch im Dezember erreichte die französische DST ein erster Hinweis auf den neuen Wohnort von Carlos. Der Tip kam aus Deutschland. Philippe Parant, der DST-Chef, war wie elektrisiert. Er informierte nur einen kleinen Kreis von Insidern und natürlich seinen Vorgesetzten, den Innenminister Charles Pasqua. Der bullige Korse mit Ambitionen auf das Amt des Präsidenten der Republik gab grünes Licht, Ermittlungen aufzunehmen.

Philippe Parant besprach sich vor allem mit zwei Männern: Jean-François Clair, dem Abteilungsleiter Terrorabwehr der DST, und einem legendenumwobenen Draufgänger im Pensionsalter, General Philippe Rondot. Sie stellten eine Mannschaft zusammen, deren Aufgabe es sein sollte, Carlos nicht mehr aus den Augen zu lassen und ihn eventuell sogar in eine Falle zu locken. Philippe Rondot reiste zum Jahreswechsel nach Khartum. Er entdeckte den seit neunzehn Jahren Gesuchten und konnte ihn sogar heimlich fotografieren. Die Bilder wurden nach der späteren Festnahme in der französischen Presse veröffentlicht.

Der Weg war frei für diplomatische Aktivitäten. Frankreichs Innenminister wandte sich schriftlich und damit höchst offiziell an seinen sudanesischen Kollegen, Generalmajor Al Tayeb Ibrahim Mohammed Kheir. Die Antwort sollte viele Monate auf sich warten lassen.

Abdallah Barakat alias Carlos hatte sich inzwischen in seiner neuen Umgebung gut eingelebt. Khartum gefiel ihm immer besser, weil er sich mit seinem Vermögen viele Annehmlichkeiten leisten konnte. Nur das Hotelleben wurde ihm allmählich lästig. Er hatte auch Angst, mit seinen Leibwächtern über Gebühr aufzufallen, verkehrten doch zahlreiche Ausländer in den Fünf-Sterne-Häusern am Nil. Kurz vor Weihnachten beschloß er also, in eine eigene Wohnung zu ziehen. Das passende Objekt war rasch gefunden.

Das Appartement befand sich im Erdgeschoß eines erdbraun und -weiß gestreiften Gebäudes in der 20. Straße, unweit der »Africa Road«. Die »Africa Road« führt schnurgerade zum Internationalen Flughafen von Khartum. Das zweistöckige Haus besitzt ein Flachdach, auf dem eine überdimensionale Satellitenschüssel thront. Die Wohnungen der ersten und zweiten Etage verfügen über Balkone. Im Eingangsbereich befindet sich ein kleiner, gepflasterter Innenhof. Er wird von einer Mauer begrenzt, die mit Stacheldraht abgesichert ist. Links davon stehen die Autos der Hausbewohner unter einer Art Sonnendach.

Man betritt das Appartementhaus, vorbei an den außen befestigten großen Kästen der Klimaanlage, durch den kleinen Innenhof und durch ein schmiedeeisernes Tor mit Gitterstäben. Die Wohnung des Top-Terroristen war, wie die französischen Medien später kommentierten, »orientalisch-bescheiden und ohne viel Geschmack« eingerichtet. Es bestand aus zwei Schlaf- und einem Wohnzimmer. Der füllige Venezolaner hatte sich wohl in seinen Jahren im Ostblock und in Syrien an solche Umstände gewöhnt.

Er lebte inmitten hellrot bezogener, altmodischer Polstermöbel und schlief in einem grünen französischen Bett. Das weitere Mobiliar bestand aus einem wenig attraktiven Sideboard und einem Tisch. Neben dem Bett stand ein eisernes Regal, in dem mehrere Dutzend Bierdosen der Marke »Tuborg« und kartonweise schottischer Whisky »Johnny Walker« gelagert wurden. Die Wohnung hatte auch Telefon. Der berühmteste Terrorist der Welt war unter Khartum 44 57 50 erreichbar.

Irgendwo stand ein gerahmtes Foto aus sicheren – und vielleicht sogar harmonischen – Damaszener Tagen. Darauf kuschelt sich Carlos an seine Tochter Rosa, die auf dem Schoß ihrer Mutter sitzt. Magdalena Kopp trägt ein schulterfreies Sommerkleid und sieht deutlich besser aus als auf jenen Fotos, die nach ihrer Entlassung aus französischer Haft Jahre zuvor entstanden waren.

1982 hatte sie zusammen mit einem Schweizer Komplizen mitten in Paris eine arabische Zeitungsredaktion in die Luft jagen wollen, war aber kurz vorher gefaßt worden. Nach der Entlassung belohnte Carlos seine Magdalena Kopp, indem er sie heiratete. Bonnie und Clyde, nur viel, viel schlimmer und jenseits aller Romantik.

In der Umgebung des Carlos-Verstecks gab es viel groben Sand und freie Fläche. Seine Leibwächter wohnten in einem Gebäude auf der gegenüberliegenden Straßenseite. Nur wenige hundert Meter entfernt befindet sich die französische Botschaft.

Der ominöse libanesische Diplomat, dessen erfundene Legende der wahre Carlos zur Deckung benutzte, konnte nicht widerstehen, das durchaus vorhandene Luxusleben von Khartum in vollen Zügen zu genießen. Die Carlos-Mannschaft steuerte immer wieder den griechischen Club an. Hier trifft sich die High Society zum Tennismatch. Der bestfrequentierte Treffpunkt der Schönen und der Reichen ist jedoch der Diplomatenclub in Riad bei Khartum. An den Tischen um den Swimmingpool finden sich Geheimdienstleute und Waffenschieber ein, Experten für Export und Import wie auch Diplomaten.

Hier bekommt man Whisky mit glasklarem Eis und Gin Tonic diskret serviert. Junge, hochgewachsene Mädchen aus Äthiopien und Somalia zeigen sich von ihrer freundlichsten Seite. Das gefiel Carlos, und deshalb tauchte er jede Woche vier- bis fünfmal im Diplomatenclub auf. Er war höflich und herzlich. Niemand hätte in ihm den vermutet, der er wirklich war.

Der Geschäftsführer des Diplomatenclubs, Samir, diktierte einem französischen Reporter seine Erinnerungen an Carlos in den Block: »Abdallah – ich kann ihn einfach nicht Carlos nennen – ist der Typ Mann, mit dem man sich sehr schnell gut versteht und mit dem man gerne befreundet sein möchte. Er war immer witzig, freundlich, hatte immer einen lockeren Spruch parat und war nicht aus der Fassung zu bringen... Ich erinnere mich zum Beispiel an einen Abend, an dem sich zwei meiner Kellner fortwährend stritten und Barakat und seine Gäste mehr als eine Stunde nicht bedient wurden. Abdallah trat ganz ruhig und freundlich lächelnd auf die Kellner zu und gab ihnen ein Trinkgeld in Höhe eines Monatsgehalts. Der Streit war augenblicklich behoben, und Barakats Tisch wurde bedient. Man muß betonen, daß er sehr viel Geld hatte und es mit vollen Händen ausgab. Er spendierte den Gästen der Nachbartische häufig Champagner oder Whisky.«

Eine weitere Geschichte wird aus dem griechischen Club überliefert: Am Silvesterabend 1993 verlassen eine Frau und fünf weiße Männer in angeheitertem Zustand den Club in der Nähe des Stadtparks von Khartum. Der Älteste von ihnen, Anfang vierzig, korpulent, trägt eine Flasche Whisky und überquert schwankend die Straße. Plötzlich zieht er mit der rechten Hand einen Revolver, Typ 44er Magnum, zielt in die Luft und drückt zweimal ab. Er ruft »Happy New Year!«. Die Frau tut so, als ob sie ihm einen Vorwurf machen müßte: »Liebling, du bist verrückt!« Die anderen lachen, bleiben jedoch auf Sicherheitsabstand. Schließlich wissen sie, daß der Schütze noch nie Probleme damit hatte, auch auf Menschen zu feuern.

So entstehen Heldenlegenden.

Während der französische Geheimdienst bereits mit der Observation des Zielobjekts Carlos begonnen hat, baut sich dieser einen kleinen Freundeskreis auf. Jemand von der griechischen Botschaft, den er im Hilton kennengelernt hat, vermittelt ihm die Wohnungen für sich und seine Leibwächter. Abdallah Barakat lernt weitere Griechen und Armenier kennen. Im März trifft er auf einen ägyptischen Journalisten namens Tawfik, der in Wirklichkeit für den Auslands-Nachrichtendienst Mubaraks arbeitet.

Tawfik lädt zu einer Party ein und läßt gelegentlich die Videokamera laufen. Beim Betrachten des Films fällt ihm auf, daß der Libanese Barakat sehr scheu ist. Einer seiner palästinensischen Freunde versucht ständig, ihn vor der laufenden Kamera abzuschirmen. Auch Abdallahs Begleiterin bedeckt ihr Gesicht, sobald sie im Bild ist. Tawfik schickt den Film nach Kairo. Die ägyptischen Auswerter erkennen Carlos nicht, konsultieren aber ihre amerikanischen Kollegen. Nun wird er identifiziert. Die Franzosen erhalten ein neues Steinchen für ihr Puzzle.

Carlos lebt weiter relativ sorglos in den Tag hinein. Er vergnügt sich mit seiner jordanisch-palästinensischen Freundin, besucht die Clubs der Ausländer und leiht sich alle drei Tage neue Videofilme aus. Der Terrorchef wird Stammkunde beim Videoladen »Chez Shidyak« an der 15. Straße in Amarat. Der Inhaber erinnert sich später, daß Abdallah Barakat sich gerne Actionfilme aus dem Geheimdienstmilieu holte, aber auch amerikanische Seifenopern. Die Schauspielerin Joan Collins schien er besonders zu mögen. Seine bevorzugten Zeitschriften waren Wirtschaftsblätter wie »Forbes« oder »Fortune«.

Mehrfach wurde dieser relativ ereignislose Alltag durch wichtigen Besuch unterbrochen. Dem französischen Geheimdienst fielen vor allem zwei von Carlos' Gästen auf: Nabil Jarjis Darbali, ein vierzigjähriger Libanese, der derzeit in Jordanien lebt, und Kamal al-Issawi alias Abul Hakam, ein zweiundfünfzigjähriger Syrer mit aktuellem Wohnsitz in Jordanien. Darbali ist der Finanzexperte der Carlos-Gruppe und gehört seit langem dem harten Kern an. Abul Hakam war bereits

30

seit mehr als einem Jahrzehnt der Stellvertreter von Carlos, seine arabische rechte Hand. Er hielt sich häufig in Ostberlin auf und wurde dort von der Stasi unterstützt. Beide kamen, um den Chef zu sehen. Es gibt jedoch keine Indizien, daß sie über neue, gemeinsame Aktionen sprachen.

Inzwischen waren die Franzosen sehr erfolgreich, was die Aufklärung von Carlos' Lebensumständen betraf. Nachdem die Sudanesen bis Ende Juni auf das Schreiben des Pariser Innenministers nicht geantwortet hatten, stellte General Rondot eine Akte zusammen. In klaren Sätzen beschrieb er das Leben des Terroristen Carlos, seit dieser im August 1993 im Sudan aufgetaucht war. Zur Dokumentation wurden Fotos beigelegt. Charles Pasqua ließ diesen Ordner seinem Kollegen in Khartum übergeben.

Der für die französische Zeitung »Libération« arbeitende Journalist Stephen Smith will von monatelangen Verhandlungen zwischen den Regierungen in Paris und Khartum erfahren haben. Islamistenchef Hassan al-Turabi soll persönlich und streng geheim an die Seine geflogen sein, um die Konditionen auszuhandeln. Danach stimmte der Preis. Anfang August waren sich die Geschäftspartner einig. Der Sudan verlangte, daß die Aktion von seinem eigenen Geheimdienst durchgeführt wurde. Kein DST-Greiftrupp sollte in Khartum operieren. Die Franzosen stimmten zu. Für die Sudanesen war es wichtig, daß Carlos körperlich unversehrt das Land verließ, da ein gewaltsamer Tod oder eine Verletzung des Terroristen sofortige Racheakte am Sudan auslösen könnten.

Am 7. August stimmen die Sudanesen also der Festnahme zu. In den folgenden Tagen werden die Details mit General Rondot und seinen Leuten besprochen.

Man einigt sich auf den Morgen des 14. August, einen Sonntag.

Am Mittwoch, den 10. August, findet sich Carlos zu einem Check-up im Krankenhaus Ibn Khaldoun an der 25. Straße/Africa Road ein, nicht weit von seiner Wohnung entfernt. Er wird von den Ärzten mehrere Stunden lang untersucht. Der Patient bekommt einen Termin für einen chirurgischen Eingriff: Sonntag, den 14. August. Der verantwortliche Arzt bittet ihn, bereits am Samstagabend zu erscheinen. Abdallah Barakat lehnt ab. Am Sonntag, so sagt er, sei es früh genug. Er scheint von dem Gedanken an das Skalpell nicht gerade begeistert zu sein.

Am Donnerstag, den 11. August, fährt Carlos nachmittags zum Videoladen und holt sich zwei neue Filme. Am Abend lädt Carlos einige Freunde zum Essen in den armenischen Club ein. In lockerer Atmosphäre erzählt er von der bevorstehenden Operation in der Klinik.

Freitag, der 12. August, ist im Sudan Feiertag. Carlos bleibt zu Hause. Seine Freundin Zeina befindet sich bei ihm. Auch am Samstag, den 13. August, lassen sich die beiden nicht sehen. Frankreichs Innenminister Pasqua erhält die Nachricht aus Khartum, daß der Countdown läuft. Am selben Abend informiert er Premierminister Edouard Balladur über den bevorstehenden sensationellen Zugriff.

Am Sonntag, den 14. August, morgens gegen drei Uhr, bricht ein sudanesisches Sondereinsatzkommando die Tür von Carlos' Wohnung auf. Er wird überwältigt, bevor er sich wehren kann. Die kräftigen Sudanesen fesseln ihn und verabreichen ihm eine Beruhigungsspritze. Dann wird er im Pyjama, eine undurchsichtige Kapuze über dem Kopf, abgeführt. Den ganzen Sonntag verbringt er, schwer bewacht, in diesem Zustand. Niemand spricht mit ihm.

Charles Pasqua, der sich an diesem Wochenende zu Festlichkeiten in Südfrankreich aufhält, bekommt den entscheidenen Anruf am Sonntag um 4.30 Uhr: »Carlos ist festgenommen!« Gegen Mittag startet eine französische Militärmaschine. Der Pilot erfährt erst in der Luft, daß er in Khartum Passagiere abholen soll. Am späten Abend landet er außerhalb der sudanesischen Hauptstadt. Der völlig entnervte Gefangene wird seinen französischen Häschern übergeben. Das ganze läuft rasch und problemlos ab. Das Team von General Rondot bewacht den wertvollen Fang auf seiner letzten, unfreiwilligen Reise. Carlos bleibt bis zur Landung, am Montag gegen 10.15 Uhr, in Ungewißheit über das Ziel des Fluges. Er muß befürchten, den Israelis in die Hände gefallen zu sein.

Auf dem Militärflugplatz von Villacoublay klärt sich das Rätsel auf. Jean-François Clair von der DST steht vor ihm. 19 Jahre und 49 Tage seines Lebens mußte er auf diesen Augenblick warten: Carlos in Ketten. Der Terrorist hatte 1975 zwei von Clairs Kollegen in der Pariser Rue Toullier erschossen. Hätte er, Clair, nicht in letzter Minute eine andere Aufgabe erhalten, dann wäre er mit dabei gewesen. Der Beamte fühlte sich schuldig. Er kümmerte sich seither intensiv um die Familien der Opfer und fahndete nach dem Mörder. Für Jean-François Clair bedeutete dieser 15. August 1994 mehr, als er in Worten auszudrücken vermochte. Er hatte sein Lebensziel erreicht.

2. Caracas

Das Leben des Terroristen Carlos begann mit einer Art Revolution.

Als Illich Ramirez Sanchez wurde er am 12. Oktober 1949 in Caracas geboren. Das Kind des Juristen José Altagracia Ramirez Navas und seiner Ehefrau Elba Maria Sanchez aus der venezolanischen Provinzstadt San Cristobal wuchs in einer Diktatur auf. Er wurde in eine Gesellschaft hineingeboren, die seit beinahe 150 Jahren blind den großen Befreier Simón Bolívar verehrte und sich doch immer wieder knechten ließ. Militärputsche und Aufstände, Despoten und Rebellen lösten einander ab. Illich kam aus einer Familie, die daran mehr oder weniger großen Anteil nahm.

Der schreibende Guerillero Fabricio Ojeda brachte das Schicksal seines Landes in den 60er Jahren pathetisch auf den Punkt: »Viel Blut wurde um der demokratischen Verfassung willen vergossen. Zahlreiche Männer aus dem Volke sind, in strahlende Helden verwandelt, als Bannerträger der Freiheit und Gerechtigkeit gefallen. Auf der unermüdlichen Suche nach seinem Recht konnte unser von Brudermord und Krieg aufgewühltes Land nie zur Ruhe kommen. Es gibt geradezu eine Tradition der Aufsässigkeit. Glaube und Hoffnung werden als lebenswichtige Kräfte von Generation zu Generation vererbt, und der Vater des Vaterlandes scheint seine Zähigkeit und seinen Erneue-

34

rungswillen auf jeden heranwachsenden Venezolaner zu übertragen.«

In den 30er Jahren, als der junge José Altagracia Ramirez Navas sein Studium an der Universität von Bogotá beginnt, steht Venezuela im Zeichen des Aufschwungs für die Oberschicht und der Unzufriedenheit der Habenichtse. Ein Streik der Arbeiter in der Erdölindustrie dauert vierzehn Jahre und in dieser Zeit kommt Illich zur Welt. Er erhält diesen ungewöhnlichen Namen, weil sein stolzer Vater Lenin verehrt und Mitglied der damals verbotenen Partida Communista de Venezuela ist. Der Marxist Ramirez Navas zeugt zwei weitere Söhne. Sie werden 1951 und 1958 geboren, und er nennt sie Wladimir und Lenin.. Eine Tochter, Natascha, stirbt drei Monate nach der Geburt.

Der Erstgeborene war neun Jahre alt, als sich der Volkszorn entlud: Am 23. Januar 1958 wurde der Diktator General Perez Jimenez von Volk und Militär gemeinsam gestürzt. 800 000 Menschen strömten auf die Straßen von Caracas und forderten Freiheit. Venezuelas Wende kam, und mit ihr begann eine bis heute anhaltende – den Maßstäben des Landes gemäße – demokratische Tradition. 1958 wurde in Venezuela zum ersten Mal frei gewählt – ein ungeheurer Fortschritt für den Süden des amerikanischen Doppelkontinents. Ab sofort gab es den Wettstreit zweier Parteien und ab 1961 eine demokratische Verfassung. Darin stand zu lesen: »Artikel 1: Die Republik Venezuela ist für immer unwiderruflich frei und unabhängig von jeder fremden Herrschaft oder Protektion.«

Schon zwei Jahre später formierte sich in den Bergen eine kubanisch inspirierte Guerilla und versuchte, das Feuer von Fidel Castros Revolution auch in Venezuela zu entfachen. Dazu gehörte natürlich ein massiver Anti-Amerikanismus. Fabricio Ojeda zu jener Zeit:

»Es ist ein offenes Geheimnis, daß sich die US-Regierung in die inneren Angelegenheiten der Republik einmischt; die US-Botschaft und die in Venezuela stationierte Militärmission gehen rücksichtslos gegen die Verfassung und die Gesetze unseres Landes vor. Auf wirtschaftlichem Gebiet läßt sich die Fremdherrschaft beim besten Willen nicht verleugnen. Erdöl und Eisen, die großen Quellen unseres Reichtums, sowie auch andere Bodenschätze stehen unter der absoluten ›Herrschaft‹ des fremden Kapitals. Im Widerspruch zu Artikel 1 unserer Verfassung ist Venezuela weder politisch noch wirtschaftlich unabhängig. Ein Kolonialregime plündert vielmehr unsere Reichtümer, verfälscht unsere Kultur und manipuliert unsere Innen- und Außenpolitik in landesverräterischem Einvernehmen mit unserer verfassungsmäßigen Regierung.«

In diesem politischem Klima wuchs Illich Ramirez Sanchez also auf. Sein Vater war kein Millionär, wie später oft fälschlich in den Medien zu lesen war. Der Rechtsanwalt und Immobilienmakler Ramirez zählte aber auch nicht zu den Armen. Die Familie war wohlhabend und konnte sich neben dem Familiensitz in Sichtweite der Anden ein zweites Domizil in der Hauptstadt leisten.

Mutter Elba kümmerte sich ausschließlich um die Erziehung ihrer Söhne, und sie liebte es, zu reisen. Also verbrachte sie die Jahre 1958 bis 1961 mit ihren drei Kindern in Jamaica und Mexico, Bogotá und Miami, und zwischendurch kam sie auch mal für ein paar Wochen nach Caracas. Illich und Lenin lernten nicht nur die Sonnenziele der Karibik kennen, sondern auch mehrere Privatschulen und viele Privatlehrer. Eingewöhnen konnten sie sich nirgendwo.

Anfang der 60er Jahre lebten mehr als 700 000 venezolanische Familien in Elend und Armut. 200 000 Straßenkinder hatten keinerlei Perspektive – ein idealer Nährboden für linke Revolutionäre.

Als Elba Sanchez und ihre Söhne wieder nach Caracas zurückkehrten, regierte die »Accion Democratica« des Präsidenten Romulo Betancourt. Familienoberhaupt Ramirez hatte diese Partei in den 40er Jahren mitgegründet. Illich und Lenin wurden im Stadtteil San Bernardino erneut eingeschult, im privaten Colegio Americano. 1962 wechselten sie an eine staatliche Schule, das Liceo de Nuevo Esparta und sechs Monate später an das Liceo Fermin Toro. Das Liceo ist dem deutschen Gymnasium vergleichbar.

Es war die Zeit der Straßenkämpfe. Die Armen kamen aus den Slums und versuchten, sich ihren Anteil vom Tisch der Reichen mit Gewalt zu holen. Betancourt reagierte hart. Armee und Polizei griffen durch. Es gab viele Tote und Verletzte. Auf den Straßen spielten sich dramatische Szenen ab. Verfassungsmäßige Rechte existierten für viele Venezolaner nur noch auf dem Papier. In den Bergen kämpfte die Guerilla des Castro-Verehrers Douglas Bravo: die »Streitkräfte der nationalen Befreiung« (FALN).

Douglas Bravo in einem Interview: »Die FALN sind die als Instrumente des Volkes organisierte Antwort, die die Volksmassen dem US-Imperialismus und der Oligarchie von Venezuela erteilen... Die venezolanische Revolution ist in erster Linie ein Glied in der Kette von nationalen Befreiungsbewegungen, die in dieser Epoche in der ganzen Welt kämpfen, um sich von der imperialistischen Herrschaft zu befreien; sie ist ein wesentlicher Bestandteil der Unabhängigkeit Lateinamerikas, weil wir auch nicht einen Augenblick die Revolution in irgendeinem der lateinamerikanischen Länder aus dem allgemeinen Kontext des Kampfes der Völker gegen den nordamerikanischen Imperialismus trennen können.«

Die Guerilla hatte natürlich nie eine realistische Chance, die Staatsgewalt zu übernehmen. Dazu war sie nicht stark genug und zudem andauernd in Flügelkämpfe verwickelt. Trotzdem beeinflußten Douglas Bravo und seine Kämpfer die politische Atmosphäre jener Zeit. Junge Männer wie Illich und Lenin bekamen die Auseinandersetzungen hautnah mit. Die linken Floskeln der Revolutionäre fanden sich später im Wortschatz des in Carlos verwandelten Illich Ramirez Sanchez. Er hatte sie verinnerlicht, als Mittel zum Zweck übernommen.

Daß Illich bereits in jungen Jahren mit Molotow-Cocktails hantiert und in den Straßen von Caracas Barrikaden gebaut hätte, gehört wohl in den Bereich der Heldenlegenden. Dasselbe trifft auf den angeblichen Besuch eines Jugend-Ausbildungslagers in Kuba zu. Illich wuchs in familiärer Geborgenheit heran. Daran änderten auch Kontakte zur kommunistischen Jugendbewegung nichts. Sympathien für die KP Venezuelas gehörten damals einfach dazu – und paßten in das Weltbild von Señor Ramirez. Illich war ein pummeliges Kind mit wenig Ausstrahlung. »El Gordo« tauften ihn seine Mitschüler, der Fette.

Illich war von Anfang an keine ausgeprägte Führungspersönlichkeit, aber auch kein unscheinbarer Mitläufer. Er fand sich irgendwo dazwischen. Niemand in der Familie hätte damals voraussehen können, daß aus ihm einmal der berühmteste oder auch berüchtigtste Terrorist der Welt werden würde.

Trotzdem beobachtete der Vater bereits 1965 mit Mißtrauen, unter welchen Einfluß die Söhne zu geraten drohten. Auch die innenpolitische Entwicklung Venezuelas gefiel ihm nicht. Die Atmosphäre spannte sich weiter an. Also beschloß das Familienoberhaupt, seine Frau und die Kinder ins Londoner Exil zu schikken. Elba Sanchez und José Altagracia Ramirez Navas hatten sich mittlerweile nach achtzehn Ehejahren sowieso entfremdet. Und die Kinder sollten eine solide, weltmännische Ausbildung erhalten. Es sollte ihnen an nichts fehlen.

3. London

Im August 1966, die Zeugnisse aus dem Liceo Fermin Toro in der Tasche, flog Elba Sanchez mit Illich und seinen Brüdern Lenin und Wladimir nach London. Eine neue Phase in ihrem Leben begann. Die beiden älteren Söhne besuchten ab September in Kensington ein exklusives Bildungsinstitut, Stafford House, wo sich ausländische Kinder zuerst einmal einen möglichst perfekten Umgang mit der englischen Sprache aneignen sollten. Der Unterricht war intensiv und erforderte viel Energie. Es wurde nicht einfacher, als die beiden Jungen – neunzehn und sechzehn Jahre alt – im Juni 1967 zum Earls Court Tutorial College am Redcliffe Square wechselten.

London war eine völlig neue Welt, keineswegs zu vergleichen mit dem eher konservativen Ambiente von Caracas. Die britische Hauptstadt der Jahre 1966 bis 1968 hieß nicht einfach London – sie hieß Swinging London. Hier fand sich das Zentrum des weltweiten Jugendkults. Hier spielte die Musik, und das im besten Sinne des Wortes. Die Ohrwürmer des Jahres 1966 waren Lieder wie »Eleanor Rigby« von den Beatles und »Strangers in the Night« von Frank Sinatra. Das Pop-Duo Simon and Garfunkel, die kalifornischen Beach Boys, die Rolling Stones und das walisische Sexsymbol Tom Jones waren ungemein populär.

Im Kino liefen das Revolutions-Melodram »Dr. Schiwago« und der unbequeme Kriegsfilm »Fahrenheit 451«. Der Kultstreifen »2001«, »Rosemary's Baby« und der Beatles-Zeichentrickfilm »Yellow Submarine« folgten während der Londoner Jahre der Familie. Vor Theatern, in denen Musicals wie »Cabaret« oder »Sweet Charity« gegeben wurden, bildeten sich endlose Menschenschlangen. Unter den Buchbestsellern des Jahres 1966 waren »Tai-Pan« von James Clavell, »Kaltblütig« von Newcomer Truman Capote und »Das Tal der Puppen« von der Erotikautorin Jacqueline Susann.

Die jungen Mädchen zeigten viel Haut, hüllten sich gelegentlich in Miniröcke aus Papier oder sogar aus transparentem Vinyl. So manche Kellnerin servierte oben ohne. Der gefährliche Siegeszug der Modedroge LSD hatte gerade begonnen.

Weit entfernt von London ging der Krieg in Vietnam mit schweren Luftangriffen auf den Norden weiter. Die Amerikaner hatten 1966 bereits 389 000 Mann vor Ort und mußten dafür im laufenden Haushaltsjahr 21 Milliarden Dollar ausgeben. Auch Kambodscha wurde in den Krieg hineingezogen. In Europa gab es Umweltkatastrophen, in Afrika Buschkonflikte. Mao startete seine Kulturrevolution, und Indira Gandhi wurde Premierministerin von Indien. 1967 führte der Besuch des persischen Herrscherpaares in Deutschland zu schweren Auseinandersetzungen. Die Anfänge der Jugendrevolte des Jahres 1968 zeichneten sich in den USA und Westeuropa bereits ab. Auch zu Hause, in Venezuela, kam es immer wieder zu schweren Unruhen.

Das bedeutete Illich und Lenin Ramirez Sanchez jedoch herzlich wenig. Sie genossen ihr Londoner Leben in vollen Zügen, zogen von der Kings Road zum Hyde Park Corner, vom Piccadilly Circus zur Carnaby

Street. Es war aufregend, das andere Geschlecht zu entdecken. Die Revolution mußte warten. Bei einem Besuch in London erkannte Vater Ramirez sofort, daß sich seine Söhne Illich und Lenin zu sehr dem dolce vita hingaben, sich einfach treiben ließen. Er schloß daraus, daß London der verkehrte Ort für eine solide Ausbildung der beiden war.

Eine Universität mit spartanischen Regeln und freudloserer Umgebung mußte gefunden werden. Illich und Lenin erfüllten längst alle Voraussetzungen für den Besuch einer Hochschule. Da traf es sich gut, daß die Familie bereits vor der Übersiedlung nach London eine Zulassung für die internationale Patrice-Lumumba-Universität in Moskau sowie Stipendien beantragt hatte. José Ramirez kannte die beiden Gründungsmitglieder der Kommunistischen Partei Venezuelas, Gustavo und Eduardo Machado, seit Jahrzehnten. Die KP-Connection funktionierte, obwohl der renommierte Anwalt aus Caracas kein Parteimitglied war. Zwei Studienplätze in Moskau wurden zugesagt.

Noch in London bekamen Illich und Lenin eine neue Privatlehrerin, die neunundsiebzig Jahre alte Nonne Alexia Haxel. Die Sowjetemigrantin vermittelte den jungen Männern aus Venezuela erste russische Sprachkenntnisse und einen Einblick in die ihnen völlig fremde Welt der Slawen. So gerüstet, packten sie im September 1968 ihre Koffer und verließen das swingende, psychedelisch neonfarbene, schrille London. Im grauen, vergleichsweise depressiv wirkenden Moskau wurden sie bereits erwartet.

4. Moskau

Die Patrice-Lumumba-Universität war eine wichtige Serviceeinrichtung der alten Sowjetunion für die befreundeten Staaten der Dritten Welt. Von westlichen Geheimdiensten argwöhnisch beäugt und als KGB-Kaderschmiede geschmäht, spielte sie seit ihrer Gründung im Jahre 1961 eine bedeutende Rolle im Ost-West-Konflikt. In ihren guten Zeiten kamen auf rund 6000 Studenten etwa 1200 Professoren und Dozenten. Ein Drittel der Kommilitonen stammte aus der Sowjetunion. Nicht wenige von ihnen standen mit dem Komitee für Staatssicherheit in Verbindung oder waren hauptamtliche Angehörige des Dienstes, zuständig für Anwerbung und Beschaffung.

1960 soll Nikita Chruschtschow verkündet haben, man werde eine Hochschule gründen, um für die aufstrebenden Nationen Afrikas, Asiens und Lateinamerikas »Geheimdienstkader« schulen zu können. In John Barrons Standardwerk »KGB« aus dem Jahr 1978 heißt es wörtlich: »Der erste Prorektor der Patrice-Lumumba-Universität war Pawel Ersin, ein Generalmajor des KGB. Weitere KGB-Offiziere und -Agenten arbeiten in der Fakultät, die den Vorschriften des KGB zu folgen hat. Die Studenten werden vorrangig nach ihrer Brauchbarkeit für den KGB ausgesucht. (Wenn die Russen wirklich einen Ausländer für die Arbeit an einem Entwicklungshilfeprojekt ausbilden wollen, dann besucht der Student nicht die Lumumba-Universität; er kommt an eine erstklassige sowjetische Universität oder technische Hochschule.)«

Die meisten der aus neunzig Ländern stammenden Studenten kamen auf Empfehlung entsprechender sowjetischer Freundschaftsgesellschaften oder auf Vermittlung der ihnen nächsten kommunistischen Partei nach Moskau. Die Gastgeber wußten schon im Vorfeld, mit wem sie es zu tun hatten und in welcher Weise aus dem jeweiligen Absolventen später Nutzen gezogen werden konnte. Das System überließ nichts dem Zufall.

Die Ramirez-Brüder waren möglicherweise die Ausnahme von der Regel, da sie so gar nicht in das Bild vom feurigen Revolutionär paßten. Sie wollten ganz einfach Ingenieure werden. Ohne den Hang ihres Vaters zum Marxismus-Leninismus wären sie möglicherweise in Rom oder Brüssel gelandet, und ihr Schicksal hätte einen anderen Weg genommen. Nun befanden sie sich aber in Moskau und durchlitten die Mühen der Umgewöhnung.

Swinging London hatte sie längst geprägt. Zu ihrem Glück blieb die Mutter mit Bruder Wladimir an der Themse. So ließ sich wenigstens manche Abwesenheit vom Moskauer Lenin-Prospekt rechtfertigen. Erstmals besuchten sie Elba Sanchez nach neun Monaten, also in den Sommerferien 1969. Zu diesem Zeitpunkt hatten sich die Eltern bereits scheiden lassen. Ihre Kontakte liefen jedoch in der üblichen Weise weiter. Was immer der Rest der Familie unternahm, Señor Ramirez finanzierte es.

Illich und Lenin waren Paradiesvögel, die sich nicht so einfach in den strikten Universitätsalltag eingliedern ließen. Sie hatten weder das Elend in Flüchtlingslagern von Krisengebieten erlebt, noch kamen sie aus den Slums irgendeiner überfüllten Dritte-Welt-Metropole. Ihre Dankbarkeit, an der Moskwa lernen zu dürfen, hielt sich in Grenzen. Beide, Illich voran, besuchten lieber Studentenfeste mit hübschen Mädchen und Wodka – sie waren ausreichend mit Dollars versorgt und verdienten zusätzlich an Schwarzmarkttransaktionen –, als die langweiligen Seminare lateinamerikanischer Solidaritätsgesellschaften oder gar ihrer eigenen venezolanischen KP.

Illich arbeitete sogar gegen die Parteidisziplin. Er schwärmte für Douglas Bravo und seine Guerilla, die von der orthodoxen Parteilinie nicht anerkannt war. Er ließ sich von den Parteizellen der venezolanischen KP auch nicht vorschreiben, kubanischen oder mexikanischen Genossen aus dem Weg zu gehen.

Seinen ersten öffentlichen Auftritt hatte er während einer Solidaritätsdemonstration zugunsten iranischer Studenten, die wegen ihrer Gegnerschaft zum Schah von der Moskauer Botschaft des Pfauenthrons schikaniert worden waren. Einige hundert Studenten gingen auf die Straße. Es kam zu tätlichen Auseinandersetzungen, vor allem mit der Moskauer Polizei. Lenin Ramirez wurde im Vorfeld abgedrängt, sein Bruder vorübergehend festgenommen.

Plötzlich tauchten überall Probleme auf. Illich soll sich, so die Recherchen des englischen Autors David Yallop, in die attraktive kubanische Kommilitonin Sonia Marina Oriola verliebt und sie prompt geschwängert haben. Die Studentin wurde später entlassen und kehrte nach Havanna zurück. Dort soll sie eine Tochter geboren haben. Der Kontakt zwischen den beiden ließ sich nicht aufrechterhalten. Illich Ramirez soll einmal gesagt haben: »Ich habe ihnen oft geschrieben, bekomme aber niemals Antwort.«

Illich kamen schon nach einigen Monaten in Moskau massive Zweifel am nach-stalinistischen Sowjetsystem. Er konnte sich nicht an das Leben mit dem Mangel, an Bespitzelung und Unterdrückung gewöhnen. Zu alledem fanden seine Sponsoren bei der venezolanischen KP schließlich heraus, daß er sich für den Guerillaführer Douglas Bravo ausgesprochen und sogar dessen Ideen in Moskau verbreitet hatte.

Alle zwanzig Mitglieder der Douglas-Bravo-Zelle fielen daraufhin in Ungnade. Auf Veranlassung des Sekretärs für internationale Angelegenheiten bei der Kommunistischen Partei Venezuelas, Eduardo Mancera, wurden sie gefeuert. Illich Ramirez Sanchez, der gerade das Vorbereitungsjahr mit einem russischen Sprachkurs hinter sich gebracht und die ersten technischen Fächer – Mathematik und Chemie – belegt hatte, verließ die Patrice-LumumbaUniversität im Juni 1970. Im Gegensatz zu seinem Bruder Lenin, der wirklich Ingenieur werden wollte, war Illich keineswegs betrübt. Er hatte längst eine neue Perspektive.

Unter seinen Kommilitonen befanden sich glutäugige Palästinenser, Mitglieder der von dem ehemaligen Kinderarzt George Habasch begründeten linksgerichteten »Volksfront für die Befreiung Palästinas« (PFLP). Mit revolutionärem Eifer erzählten sie vom himmelschreienden Unrecht der Vertreibung ihrer Familien aus dem Gelobten Land, vom gerade beginnenden Befreiungskampf gegen die Zionisten, von Ausbildungslagern im Nahen Osten. Sie luden ihn ein, nach Amman oder Beirut oder Damaskus zu kommen, um die explosive Situation persönlich zu erleben.

Illich, der venezolanische Idealist, konnte sich das Training an der Waffe in einem Palästinenserlager vorstellen. Danach, so seine feste Absicht, müsse er aber in die Berge zu Douglas Bravo gehen, Guerillero werden und zuerst einmal gegen die Ungerechtigkeit im eigenen Land kämpfen. Venezuela hatte Priorität. Das besetzte Palästina war ihm noch zu fern. Auch die zahlreichen Fotos von Orangenhainen und steinigen Hügeln, die seine Freunde stets bei sich trugen und herumzeigten, als wären es ihre Ehefrauen oder Kinder, konnten ihn vorerst nicht zur palästinensischen Sache bekehren.

Dann kam der Tag, an dem ihm einer der Palästinenser einen Brief überreichte, den er beim Sprecher der PFLP, Ghassan Kanafani, in Beirut abgeben sollte. Das Schreiben würde ihn als zuverlässigen Freund ausweisen. Illich Ramirez Sanchez verließ Moskau ohne Trauer. Diese Stadt und diese Welt waren ihm lästig gewesen. Voller Neugier flog er in der Touristen-Klasse über Ostberlin nach Beirut. Der Zwanzigjährige war im Begriff, sich in Carlos zu verwandeln.

5. Amman

*»Ich war in eines dieser arabischen Länder eingela-
den, um an einem Sommerlager für Ausländer und
Araber von auswärts teilzunehmen. Nach außen hin
war es eine Art Zeltlager, aber die Wirklichkeit sah
anders aus. Am nächsten Tag reiste ich in dieses Land
mit einer Botschaft von Ghassan (Kanafani) an Bassam Abu Sharif, der sich im dortigen Informationsbüro
befand. Am 23. Juli ging ich mit einer Gruppe von
Arabern und Ausländern in das Trainingslager. Aus
Sicherheitsgründen wurde das Camp allerdings nach
etwa zehn Tagen geschlossen. Die meisten Leute gingen weg, nur einige wenige blieben. Ich war ja in einer ganz klaren Mission gekommen.«*

Was war das für eine Mission?

*»Der Grund meiner Reise war, herauszufinden, was
es mit der palästinensischen Revolution auf sich hatte,
Informationen über die PFLP im speziellen wie auch
über die anderen Organisationen zu sammeln. Dann
wollte ich meiner Gruppe in Moskau mitteilen, ob sie
kommen sollte oder nicht. Das war meine Mission, und
das waren die Gründe für meine Reise. Als das Lager
geschlossen wurde, ging ich zurück zu Bassam Abu
Sharif und teilte ihm mit, daß ich mich einem richtigen
Guerillalager anschließen wollte. Nachdem er meiner
Bitte entsprochen hatte, wurde ich zum regulären Mit-*

*glied der PFLP. Das geschah Anfang August. Ich ging
mit ihnen zum Berg Jalad.«*

Diese authentische Stellungnahme des späteren Terroristen Carlos stammt aus dem einzigen Interview,
das er jemals gewährte. Es fand 1979 in der Nähe von
Beirut statt. Carlos soll mit dem syrischen Autor Asim
al-Jundi gesprochen haben, weil sich dieser in Geldnö-
ten befand. Der Text wurde zwischen dem 30. November und dem 14. Dezember 1979 in drei aufeinan-
derfolgenden Ausgaben der in Paris erscheinenden
arabischen Wochenzeitung »Al-Watan al-Arabi« veröffentlicht.

Als der Chefredakteur wegen des großen Erfolges
einen vierten Teil bestellen wollte, lehnte al-Jundi ab.
Er sagte, Carlos sei so erzürnt gewesen, daß die Serie
nach Veröffentlichung der ersten Folge nicht gestoppt
wurde – wie er verlangt hatte –, daß er ihn mit dem
Tod bedroht habe. Tatsache ist, daß ein von Carlos
entsandtes Killerduo aus einem fahrenden Auto auf
Asim al-Jundi geschossen und ihn getroffen hatte. Aus
Rache und gleichzeitig als Präventivmaßnahme.

*

Der junge Venezolaner lernte den Nahost-Konflikt in
einem seiner dramatischsten Momente kennen. Im jordanischen Bürgerkrieg, der später als »Schwarzer
September« in die Geschichte eingehen sollte, entwik-
kelte er sich vom Zuschauer zum aktiven Kombattan-
ten.

So gerieten die palästinensischen Freischärler und
die Truppen des Haschemiten-Königs Hussein im
September 1970 aneinander:

Die Mehrheit der aus ihrer Heimat westlich des Jordans vertriebenen Palästinenser hatte sich seit 1948 in Jordanien niedergelassen. 1970 zählten sie bereits mehr als die Hälfte der 2,2 Millionen Einwohner des Landes. In allen Bereichen von Politik, Wirtschaft und Verwaltung übten sie Einfluß aus.

Als die palästinensischen Widerstandsorganisationen nach dem verlorenen arabisch-israelischen Krieg von 1967 immer stärkeren Zulauf erhielten, stand auf einmal die Macht des Königs in Frage. Die Kämpfer, genannt Fedajin, fuhren – wie später auch in Beirut – mit Autos ohne Kennzeichen schwer bewaffnet durch die Straßen der jordanischen Städte. Die radikalen marxistischen Flügel der PLO riefen zum Klassenkampf auf und hißten rote Fahnen, nicht selten in der Umgebung von Moscheen. Immer wieder gab es blutige Zusammenstöße mit der jordanischen Polizei und den aus Beduinen bestehenden Elitetruppen des jungen Königs Hussein.

Im Februar 1970, als Illich Ramirez noch in Moskau studierte, hatten die Organisationen der Palästinenser ein Vereinigtes Oberkommando gegründet. Am 20. Februar hatten die Beduinenführer ihren Herrscher aufgefordert, mit aller Härte gegen die selbstherrlichen Gäste vorzugehen. Bald standen sich 55 000 gut ausgerüstete jordanische Soldaten und 20 000 Fedajin gegenüber. Es kam zu ersten vereinzelten Gefechten. Im Juni beschoß die jordanische Armee erstmals Palästinenserlager. Gefangene Fedajin wurden sofort exekutiert. Jassir Arafat, der Aufsteiger unter den palästinensischen Führern, handelte einen Waffenstillstand aus.

Die Spannungen nahmen zu, und Ende August brachen erneut offene Kämpfe aus. Am 1. September versuchte eine Kommandoeinheit, König Hussein zu ermorden, indem sie seine Fahrzeugkolonne angriff. Das Attentat mißlang. In den folgenden Tagen eskalierte der Krieg.

Ein neues Waffenstillstandsabkommen wurde vereinbart und sofort wieder gebrochen. Dieser Mechanismus wiederholte sich mehrere Male.

Dann entführte die PFLP des Ramirez-Gönners George Habasch drei westliche Verkehrsflugzeuge zum ehemaligen britischen Militärflughafen Dawson's Field bei Amman. Am 10. September 1970 wurden die Maschinen in einer spektakulären Aktion in die Luft gesprengt. Ein dabei gedrehter Film zählt zu den grundlegenden Dokumenten palästinensischen Terrors. Der jordanische Bürgerkrieg eskalierte. Am 16. September berief König Hussein eine Militärregierung ein. Die PLO wertete dies als einen »faschistischen Militärcoup«. Unter dem Kriegsrecht setzten neue, schwere Kämpfe ein.

Am 17. September bombardierten die loyalen königlichen Truppen die Palästinenserlager um Amman. Inzwischen gab es internationale Verwicklungen mit syrischen und irakischen Truppen. Auch die Amerikaner mobilisierten Einheiten und entsandten sie ins östliche Mittelmeer. Es kam jedoch niemand, um den bedrängten palästinensischen Kämpfern zu helfen.

Am 22. September tagte die Arabische Liga in Kairo. Jassir Arafat, der als Beduine verkleidet aus dem umkämpften Amman geflüchtet war, nahm daran teil. Einen Tag später unterzeichnete er mit König Hussein ein neues Waffenstillstandsabkommen. Die PLO verpflichtete sich, ihre Fedajin aus Amman abzuziehen und im Norden Jordaniens zu konzentrieren. Ein UN-Komitee bezifferte die Toten des arabischen Bruderkrieges auf 500, die Verletzten auf 3500. Die PLO spricht in ihrer Propaganda von 30 000 Toten.

Während sich Arafats »Fatah«-Unterorganisation der neuen Lage anpaßte, blieben die marxistischen Gruppierungen uneinsichtig. Ihr Volkskrieg mit König Hussein dauerte an. Im Januar 1971 verlor der Monarch die Geduld und zwang die Fedajin, ihre Waffen abzuliefern. Noch immer gab es Angriffe gegen das als reaktionär gescholtene Regime des Haschemiten. Daraufhin rückten die Truppen des Königs im Norden vor und zerschlugen die letzten PLO-Einheiten.

Am 13. Juli 1971 begann die entscheidende Offensive der jordanischen Armee gegen die Palästinenser. In ihren letzten isolierten Stellungen bei Jerash und Ajlun kam es zu einem gnadenlosen Gemetzel. Für viele Jahre hatte der Haß der Palästinenser auf König Hussein neue Nahrung bekommen. Sie hatten ihre wichtigste Stellung gegenüber Israel verloren und mußten sich im kosmopolitischen Beirut erst wieder neu formieren.

Illich Ramirez Sanchez schilderte Asim al-Jundi seine Erlebnisse im jordanischen Bürgerkrieg:

»Das Lager, in dem ich mich befand, wurde Anfang September geschlossen, weil man die Kämpfer benötigte. Die besten Kämpfer wurden abkommandiert, und ich blieb mit den jungen Leuten und jenen, die nicht kämpfen sollten, zurück. Ich war darüber sehr unglücklich und beschwerte mich beim Kommandeur des Lagers.

Ich gehörte einer speziellen Kampfgruppe an. Wir bewachten ein großes, unterirdisches Waffenlager, das sich neben einem kleinen Dorf befand. Alle unsere Gruppen in dieser Gegend wurden bei einem Angriff aufgerieben. Wer noch lebte, zog sich zurück, auch die Gruppe aus dem Lager. Unser kommandierender Offizier war so alt wie ich, oder vielleicht noch jünger. Er sagte, wir müssen diesen Platz verteidigen und vielleicht bis zu unserem Tod kämpfen. Hier liegt viel Munition, die für unseren Kampf unentbehrlich ist. Ich blieb noch einen ganzen Monat. Dann wurden wir in ein anderes Ausbildungslager nahe Barama verlegt, in den Bergen bei Jerash. Zu dieser Zeit wurden der Kommandeur und ich verwundet. Ich machte richtige Kriegserfahrungen.«

Illich Ramirez, der Internationalist, blieb bis November 1970 im selben Lager. Zusammen mit sechzig anderen trainierte er intensiv den Einsatz von Waffen und Sprengstoff. Der schmächtige Latino soll dabei recht gut abgeschnitten haben. In jenen Tagen kam es zu einer Begegnung, die sein ganzes späteres Leben beeinflussen sollte. In einem anderen Camp traf er ein zweites Mal auf den Chef der Organisation, George Habasch.

Der Konkurrent von Arafat gehörte einer neuen, vom Sozialismus beeinflußten Generation charismatischer Führer an. Er verstand es, seine Anhänger stets zu Höchstleistungen zugunsten der palästinensischen Sache zu mobilisieren. Habasch wurde 1925 in Lydda geboren, wo sich heute der internationale Flughafen von Tel Aviv befindet.

Der Christ, George Habasch, schrieb sich an der besten Schule für angehende Mediziner des Nahen Ostens ein, an der American University in Beirut. Schon in den frühen 50er Jahren rief der Kinderarzt zum politischen Kampf auf, gründete erste nationalistische Organisationen, die sich überall in der arabischen Welt ausbreiteten und an Einfluß gewannen. In Staaten wie Südjemen sorgten Habasch-Leute für politische Veränderungen. George Habasch wurde zu einer historischen Figur.

An seiner Seite befand sich ein Mann der ersten Stunde, dessen Biographie der von Habasch in vielen Punkten ähnlich war: Dr. Wadi Haddad, Christ und Kinderarzt wie Habasch, leitete den militärischen Flügel der PFLP, kurz Special Command (SC). Haddad zeigte sich nur selten in der Öffentlichkeit, da er zu Recht einen Mordanschlag der Israelis befürchtete. Selbst Journalisten, die sich der Sache der Palästinenser verschrieben hatten, bekamen ihn nie zu Gesicht.

Wadi Haddad war ein grausamer Mann, eine graue Eminenz, die in den 70er Jahren hinter vielen Terroroperationen stecken und die Welt das Fürchten lehren sollte. Seine wichtigste Basis war Algier, sein Rückzugsraum Aden. Von dort aus, aber auch aus Beirut und Bagdad, steuerte er ein Terrornetz, das vor allem in Europa und im Nahen Osten über zahlreiche Stützpunkte verfügte. Wadi Haddad war ein genialer Planer und innerhalb seiner Organisation manchmal wichtiger als George Habasch, was wiederholt für Konflikte sorgte. Zeitweise operierte Haddad auf eigene Faust. Diese Tatsache ist nur wenigen Insidern bekannt.

Es war die Zeit, in der Israelis und Araber geheime, schlagkräftige Kommandoeinheiten, sogenannte Hit Teams, gründeten. Da die eigenen Leute zu auffällig waren, rekrutierten die Dienste beider Seiten bevorzugt Sympathisanten und Glaubensbrüder aus weit entfernten Gegenden der Welt. Die Israelis griffen auf Juden aus Europa und Nordamerika zurück, die Palästinenser auf deutsche und japanische Terroraktivisten, und auf Männer wie Illich Ramirez Sanchez aus Venezuela. Als der Gast seine Ausbildung beendet hatte, stellte ihn der zufriedene Habasch seiner rechten Hand Haddad vor. Haddad wußte, wie er den jungen Mann einsetzen konnte. Doch zuvor sollte er noch einmal eine Testphase durchlaufen.

Illich Ramirez Sanchez wurde dem Camp 201 zugeteilt, das operativ unter dem Kommando von Arafats »Fatah« stand. Hier gab es zwei Kampfeinheiten von je sieben Mann. Ohne Winterkleidung mußten sie in den verschneiten jordanischen Bergen ausharren. In ihren Zelten wurden sie von Ungeziefer geplagt und froren jämmerlich. Erst nach drei Monaten durften sie auf einen Bauernhof der PFLP umziehen. Dort blieben sie bis Ende 1970 als Eingreifreserve. Carlos dazu im Interview: »Ich erinnere mich gut, wie ich an Silvester zwölf Stunden lang Wache schieben mußte.«

Die PFLP-Kampfgruppe, der Ramirez angehörte, wurde in einer Höhle zwischen zwei Beduinendörfern einquartiert. Insgesamt waren es 21 Mann. Noch einmal Carlos: »Wir lebten ein richtiges Guerillaleben, entwickelten enge Beziehungen zu den Beduinen der Umgebung. Wir kamen diesen Arabern sehr nahe und konnten ihren Alltag miterleben. Ich erinnere mich noch gut an den ganz speziellen, seltsamen Charme der Beduinenmädchen.«

Ende Januar 1971 reiste Illich Ramirez Sanchez in das weltoffene Beirut. Dann verabschiedete er sich von Bassam Abu Sharif, dem Sprecher der PFLP, und von seinem neuen Chef, George Habasch. Stolz packte er den Mitgliedsausweis der PFLP ein und bestieg ein Flugzeug nach England. Nun hatte er seine Aufgabe gefunden. Die alte Douglas-Bravo-Zelle in Moskau war längst vergessen, sie hatte sich zudem selbst aufgelöst. Der Venezolaner wollte kein zweiter Che Guevara mehr werden, um sein Heimatland vom Joch des Kapitalismus zu befreien. Nun bedurften zuerst die Palästinenser seiner Hilfe.

»Ich kehrte nach London zurück, um meinen Krieg von dort aus fortzusetzen. Nach meinen Erfahrungen in dem arabischen Land (Jordanien, d. Autor), war es für mich längst nicht mehr um den Krieg eines Fremden, der an die Prinzipien der Weltrevolution glaubt. Es steckte in mir. Es wurde zur schicksalhaften Angelegenheit.«

6. London und Paris I

Illich Ramirez Sanchez kehrte für kurze Zeit in den Kreis seiner Familie zurück. In London erwartete ihn ein besorgter Vater, der von ihm wissen wollte, wie er sich seine Zukunft vorstellte. Seine beiden Brüder lernten fleißig, Lenin an der renommierten London School of Economics, und Wladimir an der St. Marylebone Grammar School. Lenin hielt trotz seines Vornamens und seiner Erfahrungen während der bewegten Moskauer Tage an dem bürgerlichen Plan fest, Ingenieur zu werden.

Auf die Frage nach den Hintergründen seiner langen Abwesenheit soll Illich geantwortet haben: »Ich war im Nahen Osten, um zu lernen, wie man Juden tötet.« Diese Aussage wurde von der Ramirez-Familie zunächst noch als jugendlicher Übermut gewertet und nicht ernst genug genommen.

Der Vater versuchte, seinen ältesten Sohn zu überreden, sich wieder an einer Universität einzuschreiben. Er stellte ihn sich als Rechtsanwalt vor, und so empfahl er ihm die Juristische Fakultät der Pariser Sorbonne. Illich wollte seinen Vater nicht enttäuschen, sich aber gleichfalls nicht zu weit von den palästinensischen Genossen entfernen. Noch war es zwar nicht an der Zeit, für Wadi Haddad zu arbeiten, doch es sollte nicht mehr lange dauern.

Vater und Sohn fanden einen Kompromiß, und der alte Herr konnte beruhigt nach Caracas zurückfliegen.

Illich belegte einen Kurs an der Londoner Universität. Sein eigentliches Interesse galt jedoch den Ereignissen im Nahen Osten und in der Londoner Society – ein ziemlicher Gegensatz. Ein berühmtes Foto zeigt ihn zusammen mit seiner Mutter und einer sehr jungen Freundin der Familie. Sie trägt ein Abendkleid, und er hat seine Hand um ihre Schulter gelegt. Illich wirkt etwas rundlich, in seinem eleganten dreiteiligen Anzug mit Krawatte aber auch sehr seriös – der erwachsene Sohn, der seine junggebliebene, unternehmungslustige Mutter zu einem diplomatischen Empfang begleitet.

Im Juli hielt er es jedoch nicht mehr in London aus. Er kaufte sich ein Flugticket nach Beirut. In der Stadt, wo nun die palästinensischen Flüchtlinge aus Jordanien Schutz suchten, traf er die Führungsmannschaft der PFLP, George Habasch, Wadi Haddad und Bassam Abu Sharif. Die Palästinenser betrauten ihn mit seiner ersten Aufgabe. Um die leeren Kassen der Organisation zu füllen, sollte ein wohlhabender Araber in London entführt werden. Nach seiner Rückkehr nach London im September wurde die Idee aber wieder aufgegeben. Als nächste Aktion besprachen sie die Ermordung des jordanischen Botschafters in London, Zaid Rifai. Der Mann war seinerzeit ein begehrtes Ziel, und so versuchte es die neugegründete Terrororganisation von Arafats »Fatah«, der sogenannte »Schwarze September«, noch vor Haddads Truppe. Rifai überlebte den Anschlag.

Im Rahmen intensiver Ermittlungen stieß Scotland Yards »Special Branch« erstmals auf Illich Ramirez Sanchez und seinen Bruder Lenin. Allem Anschein nach war Illich von einer rivalisierenden Palästinensergruppe verraten worden. Am 22. Dezember 1971 rückten die Terrorfahnder mit sieben Fahrzeugen zur Hausdurchsuchung an. Sie waren sogar bewaffnet – eine ungewöhnlich aufwendige Aktion für Scotland Yard. Trotzdem fanden sie nichts, was Illich belasten konnte. Angesichts dieser Entwicklung entschied der übervorsichtige Terrorplaner Wadi Haddad, seinen neuen Mann vorerst auf Eis zu legen. Illich Ramirez Sanchez hatte nun viel Zeit, sich auf rauschenden Parties mit hübschen Mädchen und nebenbei auch mit Wirtschaftsstudien zu befassen.

Derweil kümmerte sich die PFLP um operative Mittel. Die marxistisch-leninistischen Freischärler kaperten im Februar 1972 einen Jumbo-Jet der Lufthansa. Unter den Passagieren befand sich Joseph Kennedy, der Sohn des ermordeten Robert Kennedy. Die Maschine landete in Aden. Rasch war man sich einig: Fünf Millionen Dollar Lösegeld wurde gezahlt.

Im Mai 1972 sandte Haddad ein aus drei Kämpfern der Japanischen Roten Armee bestehendes Kommando nach Israel. Auf dem Flughafen Lod zogen sie plötzlich Schnellfeuerwaffen aus den Reisetaschen und metzelten Passagiere nieder, die auf ihr Gepäck warteten. 27 Reisende starben, 69 wurden schwer verletzt.

Zu der sogenannten Baddawi-Konferenz im selben Monat lud George Habasch Abordnungen der gefährlichsten Terrorgruppierungen in das gleichnamige Flüchtlingslager im Nordlibanon. Es kamen Vertreter der deutschen Revolutionären Zellen, der IRA, der Japanischen Roten Armee, einer sogenannten Volksbefreiungsfront der Türkei und deren iranische Gesinnungsbrüder. In Baddawi wurde auch die Freundschaft zwischen der PFLP und Arafats »Schwarzem September« bekräftigt. Es ging darum, weltweite Verbindungen auszubauen und eine Basis für die Zusammenarbeit mit den anderen Organisationen zu finden.

Die Israelis zeigten, daß sie die Entwicklung sehr wohl erkannten. Im Juli 1972 jagte ein Hit Team des Mossad den PFLP-Sprecher Ghassan Kanafani zusammen mit seiner jungen Nichte in die Luft. Die Bombe war in seinem Auto installiert worden. Bassam Abu Sharif wurde durch eine Paketbombe schwer verletzt. Die nächste Operation der Palästinenser traf die Israelis hart. Beim Überfall auf die Olympia-Mannschaft wurden im September 1972 in München elf Sportler ermordet. Dieser spektakulärste Terroranschlag aller Zeiten geht auf das Konto des »Schwarzen September«.

Illich Ramirez Sanchez, der seit seiner Festnahme in Khartum fälschlicherweise immer wieder mit dem Anschlag in München in Verbindung gebracht wird, verfolgte das dramatische Geschehen in Wirklichkeit nur in den Medien. Er lebte bei seiner Familie in London, studierte und unterrichtete nebenbei etwas Spanisch. Außerdem interessierte er sich zunehmend für attraktive Frauen. Seine engste Freundin war die neununddreißigjährige, verheiratete Maria Nydia Romero de Tobon, eine Spanischlehrerin aus Kolumbien. Er lernte sie im Oktober 1972 kennen und verbrachte viel Zeit mit ihr. Nummer zwei hieß Maria Angeles Otaola Baranca und stammte aus dem Baskenland. Er traf sie erstmals Ende 1973. Ihre Wohnung sollte zu einem wichtigen Ausweichquartier für ihn werden.

Der junge Venezolaner sprach viel über Revolution und bewaffneten Kampf. Selbst drückte er jedoch die Schulbank und führte damals ein recht bürgerliches Leben. Allerdings entschlüpfte er immer wieder in Londoner Nachtclubs. Und das tat er bestimmt nicht, um die unkeuschen Leidenschaften des Klassenfeindes zu studieren. Der Biograph David Yallop bezeichnet ihn für jene Phase als »Playboy von Knightsbridge«. Bis Dezember 1973 fiel Illich Ramirez Sanchez höchstens als Spießer oder Großmaul auf. Mit Terrorismus hatte er nichts zu tun.

Das klingt natürlich in seinen eigenen Worten viel dramatischer: »Im Juli 1973 kehrte ich nochmal nach Beirut zurück, um meine Kontakte zu erneuern. Während des Oktoberkrieges kam ich wieder nach Europa, um mich ausschließlich revolutionären Aktionen zu widmen. Ich sollte nie mehr sein, was ich in der Vergangenheit war, ein einfacher Student, der nur einen Teil seiner Zeit den Aktionen widmete. Dies war der Anfang von Carlos.«

Der erste Anschlag des ungeduldigen Salonterroristen wirkt wie eine Parodie, wenn nicht beinahe ein Mensch ums Leben gekommen wäre. Wadi Haddad und einer seiner Mitarbeiter, der Libanese Michel Moukharbel mit dem Decknamen André, hatten ihm befohlen, den Vizepräsidenten der Zionistischen Vereinigung Großbritanniens und Besitzer der Warenhauskette Marks & Spencer, Edward Sieff, zu ermorden. Zu diesem Zweck bekam Illich eine alte Beretta-Pistole und fünf Patronen ausgehändigt. Am 30. Dezember 1973 sollte Sieff sterben.

Gegenüber al-Jundi erklärte der Attentäter Illich später: »Um ein Attentat korrekt auszuführen, braucht man zwei Pistolen: eine mit Schalldämpfer und die andere sehr großkalibrig zur Selbstverteidigung für den Fall, daß es Überraschungen gibt. Man muß auch zwei Handgranaten haben und einen Fahrer, der vor dem Haus wartet. Das gilt als Mindestvoraussetzung für den Erfolg. Ich aber hatte nur eine alte Pistole, die mir ein Freund gegeben hatte und die ich nicht einmal ausprobieren konnte, weil man dafür mindestens drei Patronen benötigt. Ich reinigte sie, setzte mich in ein altes Auto und fuhr zu ihm (Sieff, d. Autor) hin. Ich befahl dem Butler, mich zu seinem Herrn zu führen, der im Bad war. Ich schoß sofort dreimal, aber nur eine Kugel traf, und zwar in die Oberlippe. Gewöhnlich schießt man dreimal auf die Nase, was sofort tödlich ist. Aber dieser Mann hatte Glück. Nur eine Kugel traf ihn, und seine Zähne fingen die Wucht des Projektils ab.«

Der Angreifer verließ das herrschaftliche Haus in Nord-London innerhalb von Sekunden, sprang in sein Auto und raste davon. Lord Sieff überlebte den Anschlag. Zwei Wochen später, als der enttäuschte Illich Ramirez Sanchez einen zweiten Versuch wagen wollte, war das Opfer zu einem längeren Erholungsurlaub nach Bermuda abgereist.

Das nächste Ziel war die Londoner Filiale der israelischen Bank Hapoalim. Illich hatte das Objekt ausgewählt, Wadi Haddad die Operation abgesegnet. Der Venezolaner fuhr zu der Bank und öffnete die Eingangstür. Er schleuderte eine Granate mit Plastiksprengstoff ins Innere. Der Sprengkörper wurde abgelenkt, verfehlte den Schalter des Kassierers und explodierte in einigem Abstand zu dem Bankangestellten. Dadurch überlebte der Mann, erlitt aber einen schweren Schock. Ein Teil des Gebäudes wurde zerstört. Illich Ramirez Sanchez entkam erneut und freute sich über die ausführliche Presseberichterstattung am nächsten Tag. Er hatte wenigstens ein Propagandaziel erreicht.

Illich verlegte den Schwerpunkt seiner Aktionen nach Paris. Dort befand sich die europäische Filiale von Wadi Haddad und seiner Geheimorganisation, die bis zum 28. Juni 1973 von Mohammed Boudia geleitet worden war, einer schillernden Persönlichkeit, die anscheinend sowohl von Haddad als auch vom »Schwarzen September« genutzt wurde. Der gutaussehende Algerier arbeitete offiziell als Geschäftsführer des avantgardistischen »Théâtre de l'ouest«, in Wirklichkeit aber im Terrorismusgeschäft.

Mohammed Boudia war Verbindungsmann zu internationalen Terrorgruppen, wie der Japanischen Roten Armee, der Baader-Meinhof-Bande und der IRA. Durch ihn wurden Informationen und Waffen befördert, Leute über Grenzen geschleust und versteckt. Boudia, ein ähnlich umtriebiger Frauenheld wie Illich Ramirez Sanchez, liebte es, auch junge Mädchen auf Terrortour zu schicken. Schon 1971 hatte er drei von ihnen nach Israel gesandt, um dort Anschläge zu verüben. Sie wurden gefaßt und packten über ihren Auftraggeber aus.

Die Reaktion des Mossad ließ nicht lange auf sich warten. Ein Hit Team unter dem Kommando des Topagenten Mike Harari vollstreckte am 28. Juni das Todesurteil aus Jerusalem. Nach einer Nacht in der Rue Boinod bei einer seiner vielen Freundinnen stieg Mohammed Boudia in seinen weißen Renault 16 und besuchte eine weitere Mätresse in der Rue de Fosses-St.-Bernard. Inzwischen versteckte ein israelischer Techniker in Boudias Wagen eine Bombe. Der Zündmechanismus war durch eine kleine Schnur mit der Fahrertür verbunden.

Wadi Haddads Mann kam zurück zu seinem Auto. Er öffnete die Motorhaube, blickte unter das Fahrzeug und kontrollierte den Auspuff. Nun fühlte er sich sicher. Er setzte sich in den Wagen – auf eine mit scharfen Eisensplittern und Muttern gefüllte Druckmine. Nach zehn Sekunden detonierte die Sprengladung. Boudia wurde von Bolzen durchsiebt.

Wadi Haddad konnte den Pariser Posten nicht lange unbesetzt lassen. Er entschied sich für Michel Moukharbel, einen unscheinbaren und eher ängstlichen Libanesen. Illich Ramirez Sanchez kannte Moukharbel und hatte keine besonders hohe Meinung von ihm. Er hielt sich, trotz seiner jungen Jahre, für den besseren Nachfolger von Mohammed Boudia. Und er begann, auf dieses Ziel hinzuarbeiten.

Der Pariser Flügel der PFLP nannte sich ab sofort »Kommando Boudia«. In Abstimmung mit Wadi Haddad und in Kooperation mit der französischen Action directe begannen Vorbereitungen für eine Serie von Bombenanschlägen auf pro-israelische Zeitungen und Zeitschriften sowie auf eine Rundfunk- und Fernsehstation. Vier Autos wurden gemietet und in rollende Bomben verwandelt. Drei von ihnen explodierten am 4. August und richteten großen Schaden an. Die Bombe in dem Wagen vor der Radio- und Fernsehstation ORTF versagte.

Schon gab es ein neues Problem. In Orly war am 26. Juli 1974 bei der Einreise nach Frankreich ein leichtsinniger Kurier der Japanischen Roten Armee aufgeflogen und festgenommen worden. Die Polizei fand bei ihm falsche Pässe, gefälschte Dollarnoten und codierte Botschaften. Innerhalb weniger Tage identifizierte die DST zehn weitere Mitglieder der japanischen Untergrundorganisation.

Nun ging alles sehr schnell. Am Donnerstag, dem 13. September, drang ein von Illich unterstütztes Kommando der Japanischen Roten Armee in die französische Botschaft in Den Haag ein. Der Botschafter und zehn weitere Geiseln sollten als Faustpfand für die Freilassung des japanischen Terroristen Yamada dienen. Ein tagelanger Nervenkrieg mit den französischen Behörden begann.

FILIACION
PERSONAL DESCRIPTION

Cédula de Identidad ___ 4-365 201

Nacionalidad ___ CHILENA
Nationality

Nacido el ___ 1 - JULIO - 1947
Date of birth

Estado civil ___ SOLTERO
Marital status

Profesión ___ INGENIERO
Profession

Domicilio ___ PEDRO TORRES 360
Address

Observaciones ___
Notes

FILIACION
PERSONAL DESCRIPTION

REGISTRO CIVIL DE IDENTIFICACION
QUILLOTA
Dpto. de Quillota
CHILE

DIGITO PULGAR
THUMB PRINT

FIRMA DEL TITULAR
SIGNATURE OF BEARER

Carlos trat im Laufe der Jahre unter mehr als 20 falschen Identitäten auf. In seinen jungen Jahren, um 1974/75, reiste er auch einmal als Chilene José Müller-Bernal.

Nach dem Anschlag auf das französische Kulturzentrum in Berlin berichtete Johannes Weinrich seinem Chef Carlos in einem langen, handschriftlichen Brief: »Die Operation hatte eine größere Wirkung, als ich erwartet habe.«

Heimlich von der ostdeutschen Staatssicherheit aufgenommen: Carlos und Magdalena Kopp 1979/80 auf dem Alexanderplatz in Berlin (oben) und beim anonymen Einkaufen in einem der HO-Läden (unten).

Das Ostberliner Palasthotel diente bis 1984 als heimliches Hauptquartier der Carlos-Bande in der DDR (oben). In einem Schließfach wurden auch Geld, Dokumente und Waffen deponiert. Stasi-Offizier Helmut Voigt war einer der wichtigsten Kontaktleute und Betreuer von Carlos und seinen Leuten (rechts im Vordergrund).

Der ehemalige Stasi-Oberstleutnant Helmut Voigt bei einem Gerichtstermin in Athen. Hier ging es um seine Einreise und seinen Aufenthalt in Griechenland mit falschen Papieren und um die Frage der Auslieferung an die Bundesrepublik Deutschland.

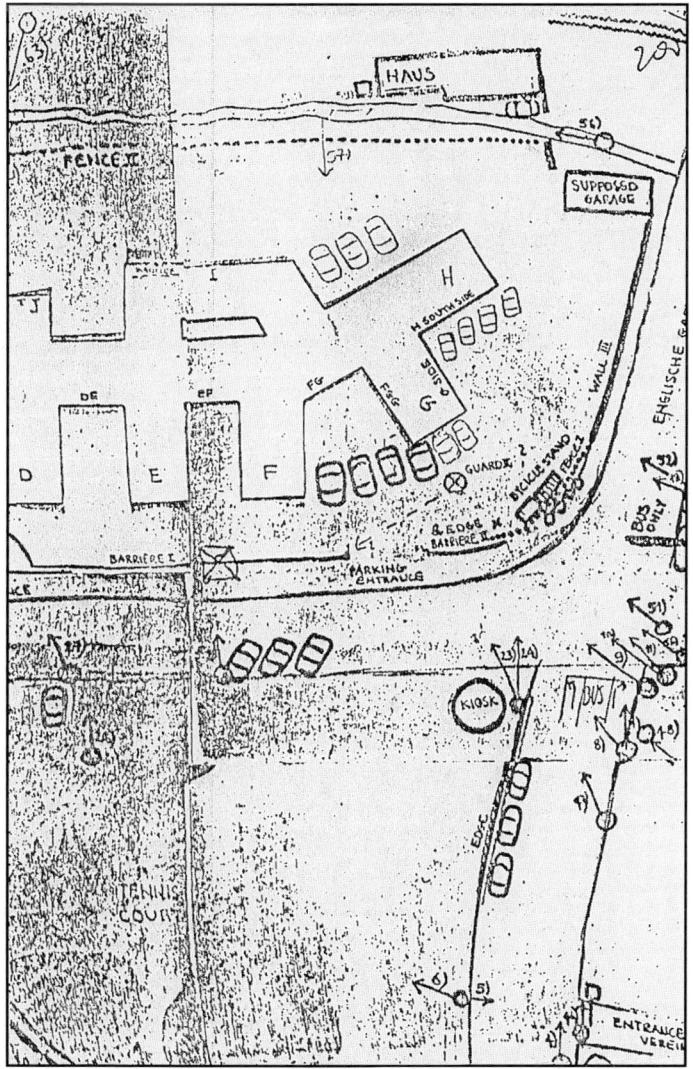

Ein bis heute noch nicht identifizierter Ostagent zeichnete detaillierte Lagepläne von den Münchner Emigrantensendern Radio Free Europe *und* Radio Liberty. *Die Carlos-Bande nutzte sie am 21. Februar 1981 im Auftrag Rumäniens zu einem Bombenanschlag.*

1st September, 1983

H.E. Friedrich Zimmerman

Federal Minister of the Interior.

Your Excellency,

In the name of our Central Leadership:

1) We have destroyed the French Consulate in
West Berlin at 11:50 on 25th August last.
This operation enters in the cadre of the armed
conflict imposed upon us by the French Régime.
I enclose a sketch and some explanations
about the operation.

2) The choice of West Berlin is a warning to desist
from the activities engaged by your predecessors
against our Organization.

a) Mrs. Gabrielle Kroecher-Fiedemann, who has
never being a member of our Organization,
is being extradited by Federal Germany for
her presumed involvement in the OPEC
operation of 21st December, 1975.
Any judicial or police initiative against
Mrs. Kroecher-Fiedemann (or against anybody
else) on the grounds of presumed or actual
involvement in the activities of our Organization,
would be considered a wanton aggression to
which we would answer accordingly.

For the Organization of the Arab Armed Struggle —
— Arm of the Arab Revolution:

Carlos

Als die Auslieferung der Terroristin Gabriele Kröcher-Tiedemann aus Schweizer Haft an die Bundesrepublik Deutschland diskutiert wurde, warnte Carlos den damaligen Innenminister Friedrich Zimmermann mit Schreiben vom 1. September 1983 vor der »juristischen und polizeilichen Verfolgung« seiner Komplizin.

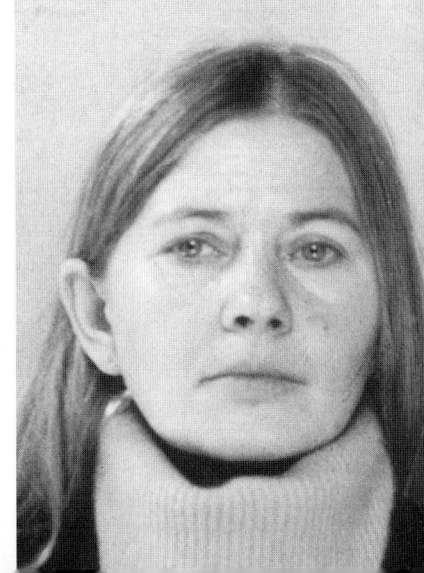

Carlos-Helfer: Nabil Jarjis Darbali, der Geldkurier (oben links), Johannes Weinrich, deutscher Vize des Top-Terroristen (oben rechts), Abul Hakam, arabischer Vertreter von Carlos (unten links) und Christa Margot Fröhlich (unten rechts).

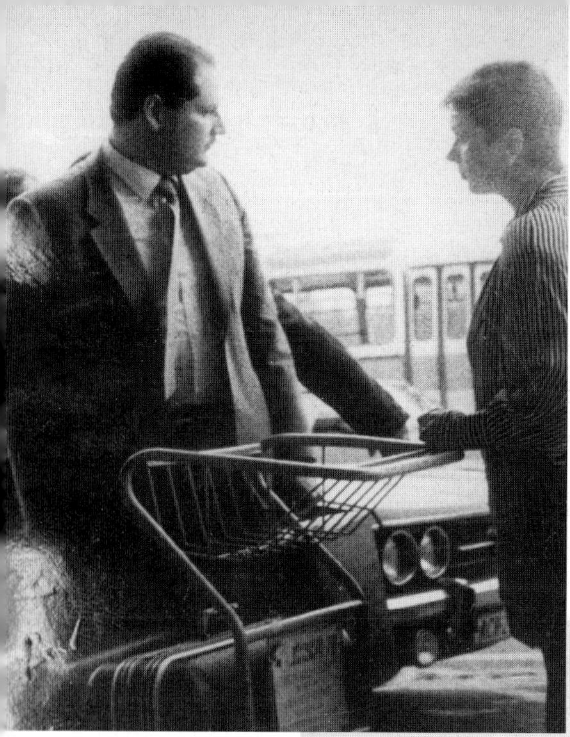

Heimlich vom tsche-
chischen Geheim-
dienst fotografiert:
Carlos und seine
Frau Magdalena
Kopp am 13. Juni
1986 beim Abflug
vom Prager Flug-
hafen.

Sie kehrten über
Moskau nach
Damaskus zurück
(links: Johannes
Weinrich).

Illich Ramirez kehrte am 14. September von Den Haag nach Paris zurück und überlegte, wie er mit einer parallelen Operation den Japanern in der Botschaft helfen konnte. Erneut war er nur unzureichend bewaffnet. Eine Pistole und zwei Handgranaten standen ihm zur Verfügung. Die Pariser Gruppe erkannte, daß die Aktion in Holland fehlschlagen würde, weil die französische Regierung nicht bereit war, einzulenken. Illich Ramirez befürchtete ein neues München.

Also fuhr er am Sonntag nachmittag zur Einkaufsgalerie »St. Germain Drugstore«. Viele Leute nutzten die Gelegenheit der offenen Läden zu einem Bummel. Das Café im ersten Stock war überfüllt. Der Venezolaner blickte von der Balustrade hinunter auf die belebte Straßenebene. Er zog den Sicherungsstift aus einer M-26-Handgranate und schleuderte sie in die Menge. Mit lautem Knall und großer Wucht detonierte die Granate. Zwei Menschen starben und mehr als dreißig wurden zum Teil schwer verletzt. Überall lagen Metallteile und Glasscherben. Es sah aus wie nach einem Bombenangriff.

Der Anschlag verfehlte seine Wirkung nicht. Das »Kommando Boudia« bekannte sich im Namen der Japanischen Roten Armee zu der Tat und drohte weitere Attentate an. Sofort lenkten die Franzosen ein und ließen den japanischen Terroristen über Holland in den Nahen Osten fliegen. Die Geiselnahme von Den Haag wurde gleichzeitig beendet. In Paris nahm die Intensität der Ermittlungen zu. Die Sicherheitsbehörden setzten alles daran, die ihnen noch unbekannte Terroristengruppe zu finden.

Illich Ramirez pendelte in jenen Wochen laufend zwischen London und Paris hin und her. Er verbrachte viel Zeit mit seinen beiden Londoner Freundinnen und knüpfte zugleich neue Kontakte in Paris. Da gab es eine junge Dame aus Kolumbien namens Amparo Silva Masmela, die beiden Venezolanerinnen Nancy Sanchez und Maria Teresa Lara sowie die Südafrikanerin Angela Armstrong. Die Mädchen aus seiner Heimat hatten es ihm besonders angetan. Illich Ramirez besuchte sie, als peruanischer Kaufmann Carlos Martinez getarnt, häufig in ihrer gemeinsamen Wohnung in der Rue Toullier im Quartier Latin.

Am 22. November 1974 trat Jassir Arafat mit einer historischen Rede vor die Vollversammlung der Vereinten Nationen. Er signalisierte im Namen der PLO die Bereitschaft der Palästinenser, »keinen einzigen Tropfen jüdischen oder arabischen Blutes mehr vergießen« zu wollen. Der dramatische Höhepunkt seiner 90minütigen Rede: »Heute kam ich zu Ihnen mit einem Ölzweig in der einen Hand und dem Gewehr der Revolution in der anderen Hand. Lassen Sie es nicht zu, daß mir der Ölzweig aus der Hand fällt...«

Diese Entwicklung konnten die Hardliner im Nahen Osten nicht akzeptieren. Die irakische Regierung beschloß, sich der unkonventionellen Dienste von Wadi Haddad zu bedienen. Die nächste Operation des »Kommandos Boudia« sollte die zarten Pflänzchen des Nahost-Friedensprozesses wieder zertreten.

Am 13. Januar 1975 erklärten Illich Ramirez, Michel Moukharbel und die anderen Mitglieder ihrer Gruppe den Israelis den Krieg. Erstmals setzten sie auch Genossen aus den Reihen der deutschen Revolutionären Zellen (RZ) ein. Das Kommando fuhr mit zwei gemieteten Autos zum Flughafen Orly. Am Steuer saßen Johannes Weinrich aus Frankfurt und Illich Ramirez alias Carlos Martinez. Am Ziel packten die arabischen Mitglieder des Kommandos zwei Panzerfäuste aus und feuerten damit auf eine Boeing 707 der El Al, die wenige Minuten später mit 136 Passagieren an Bord nach New York abfliegen sollte.

Die erste Granate verfehlte ihr Ziel und traf eine geparkte leere DC-9 aus Belgrad. Die zweite Granate beschädigte ein Verwaltungsgebäude. Die Attentäter flüchteten. Am Abend meldete sich ein anonymer Anrufer bei der Nachrichtenagentur Reuters: »Nächstes Mal werden wir unser Ziel treffen.«

Sechs Tage später war es soweit. Obwohl die Polizei inzwischen 750 Mann Wachpersonal am Flughafen Orly zusammengezogen hatte, erschienen drei »Boudia«-Leute mit einer Panzerfaust. Sie zielten auf eine El-Al-Maschine, die von Paris nach Tel Aviv fliegen sollte. Von der Polizei rechtzeitig vorher entdeckt, eröffneten zwei der Männer das Feuer aus Maschinenpistolen und warfen zudem Handgranaten. Bei dem folgenden Schußwechsel wurden ein Terrorist und viele unbeteiligte Passanten und Fluggäste verletzt.

Die beiden unverletzten Terroristen nahmen Geiseln und verschanzten sich in einem Waschraum. Achtzehn Stunden dauerten die Verhandlungen zwischen ihnen und den französischen Behörden. Am nächsten Tag kam die Einigung: Die Täter durften Frankreich ungehindert verlassen. Eine Maschine der Air France kreiste weitere vierzehn Stunden über Europa und dem Nahen Osten, bis sich die Iraker bereiterklärten, die Handlanger Wadi Haddads aufzunehmen. Aus humanitären Gründen, wie man in Bagdad rasch versicherte.

Nun begann eine Phase, in der die deutschen Linksextremen mehr und mehr eingebunden wurden. Vom internationalen Flügel der Revolutionären Zellen wa-

ren neben Johannes Weinrich und Hans-Joachim Klein ·
auch Wilfried Böse und Brigitte Kuhlmann beteiligt.
Man besprach gemeinsame Aktionen, unter anderem
die spätere Besetzung der deutschen Botschaft in
Stockholm. Das Ziel dieser – mißglückten – Operation
war die Befreiung von RAF-Terroristen.

Als Michel Moukharbel im Juni 1975 aus Beirut
nach Paris zurückkehrte, hatte er Ärger mit der libanesischen Polizei gehabt und fiel auch gleich den
Franzosen auf. Die mit nahöstlichem Terrorismus vertraute Abteilung B2 der DST ließ ihn ab dem Zeitpunkt überwachen. Kommissar Jean Herranz und seine
Leute hatten über ein Jahr lang vergeblich nach dem
»Kommando Mohammed Boudia« gefahndet. Auch
jetzt wußten sie noch nicht, wie nahe sie den Terroristen waren. Um Moukharbel einzuschüchtern, nahm
ihn der französische Dienst am 23. Juni vorübergehend
fest. Zwei Tage später wurde Wilfried Böse ge-
schnappt. Illich Ramirez ignorierte die Anweisung von
Wadi Haddad, schleunigst unterzutauchen.

Am 27. Juni sollte eine Abschiedsparty für Nancy
Sanchez in ihrer Wohnung in der Rue Toullier 9 stattfinden. Moukharbel, immer noch in den Fängen der
französischen Polizei, hatte keine Geheimnisse verraten, war aber bei den Vernehmungen in Widersprüche
verwickelt worden. Die DST hatte ihm ein Foto von
Illich gezeigt, das in der Rue Toullier aufgenommen
worden war. Er identifizierte ihn als Carlos Martinez
aus Peru. Nun wollten sie mit dem vermeintlichen Pe-
ruaner Kontakt aufnehmen, um auch ihn zu befragen.
Herranz und zwei seiner Mitarbeiter begaben sich mit
Michel Moukharbel in die Rue Toullier.

Die Party ging gerade zu Ende. In der Wohnung
von Nancy Sanchez befanden sich noch fünf Personen.

Sie selbst war bereits auf dem Weg zum Flughafen. Illich Ramirez öffnete die Tür. Herranz und einer seiner Männer standen vor ihm. Freundlich bat er sie herein. Im Verlauf der Unterredung kam man auch auf den Libanesen Moukharbel zu sprechen. Illich bat darum, ihn zu sehen. Er wurde zusammen mit dem dritten Polizeibeamten in die Wohnung gebracht.

Dann passierte etwas absolut Unerwartetes: Der Venezolaner zog seine russische Tokarew-Pistole und erschoß die beiden Kollegen des Kommissars. Seinen Freund und Rivalen Moukharbel tötete er kaltblütig mit einem Schuß zwischen die Augen. Abteilungsleiter Herranz blieb schwerverletzt am Tatort liegen.

Illich Ramirez Sanchez flüchtete. Von nun an sollte er diesen Namen nicht mehr tragen. In den kommenden Wochen benutzte er einen gefälschten chilenischen Paß, der auf den Namen Hector Hugo Dupont ausgestellt war. Er wurde in London gesehen, tauchte aber dann in Algerien unter.

Die Person Carlos und der Mythos vom heldenhaften Top-Terroristen waren geboren.

7. Wien

Carlos hatte die DST in einen Scherbenhaufen verwandelt. Ein fünfundzwanzigjähriger Ex-Student hatte den Inlands-Geheimdienst der Franzosen vorgeführt. Spätestens jetzt wurde sowohl Insidern als auch der Öffentlichkeit klar, wie wenig die Franzosen vom Netz des Wadi Haddad wußten, wie sehr sie mit ihren spärlichen Informationen gepokert hatten. Drei Eliteagenten waren einem Fanatiker unbewaffnet gegenübergetreten. Sie hatten sich nicht im geringsten um ihre eigene Sicherheit gekümmert. Dafür hatten sie einen hohen Preis gezahlt. Frankreich reagierte entsprechend gereizt. An den Auslands-Nachrichtendienst, er hieß damals noch SDECE, und seinen Chef Alexandre de Marenches erging eine mündliche Anordnung von höchster Stelle: »Liquidiert Carlos!«

Es ist ungewiß, ob seine Verfolger herausfanden, daß sich der Killer für mehrere Wochen in Algerien befand. Anfang August 1975 soll er in einem exklusiven Nachtclub in Saint-Eugène bei Algier gesehen worden sein. Carlos soll sich in Begleitung hochrangiger algerischer Geheimdienstoffiziere befunden haben. Der Club gehörte übrigens dem Bruder des algerischen Staatspräsidenten Boumedienne. Für die Franzosen war es unmöglich, Carlos in einer solchen Umgebung zu greifen.

Eine Dienstreise, die er gerne vermieden hätte, führte Carlos nach Aden. Er mußte vor den strengen

Wadi Haddad treten und ihm erklären, warum er dessen Statthalter Michel Moukharbel erschossen und die gesamte Pariser Operation zerstört hatte. Aus Aden wird überliefert, daß Wadi Haddads Zorn langsam schwand, als er den riesigen Medienrummel um Carlos sah und den unschätzbaren Propagandawert erkannte. Nichts war für die palästinensische Sache besser, als wenn über sie gesprochen wurde. Endlich hatte man wieder einen Mann, den die Welt fürchtete.

Das wußten auch andere Dunkelmänner im Nahen Osten zu schätzen. Saddam Hussein, damals stellvertretender Vorsitzender des irakischen Revolutionsrates und Drei-Sterne-General ohne militärische Ausbildung, beobachtete mit Unwillen die Situation der Ölförderländer am Persischen Golf. Ihm mißfiel, daß die Saudis den Ölpreis einfrieren wollten. Mit dem benachbarten Iran gab es Streit um den Wasserweg Schatt el-Arab. In Algier hatte man zwar gerade einen Grenzvertrag geschlossen, in dem der Irak auf die linke Uferseite verzichtete und der Iran sich verpflichtete, seine Hilfe für die aufständischen irakischen Kurden einzustellen. Doch Krieg zwischen Bagdad und Teheran lag immer noch in der Luft. Nach arabischer Logik dachte Saddam Hussein, er könnte zwei Fliegen mit einer Klappe schlagen, wenn es ihm gelänge, die wichtigen Ölminister aus Riad und Teheran auszuschalten. Das würde die OPEC in Unruhe versetzen und den Rohölpreis in die Höhe treiben. Am Iran würde man sich für die aufgezwungene Grenzregelung rächen. Saddam Hussein schlug seinem Freund Wadi Haddad einen Deal vor. Er würde eine Operation von Carlos und seinem »Kommando Boudia« gegen die OPEC-Ministerkonferenz im Dezember großzügig finanzieren und logistisch unterstützen. Für die Palästi-

nenser sei es eine großartige Sache, weil ihr eigenes ·
Problem wieder in den Mittelpunkt des Weltinteresses
gerückt würde. Wadi Haddad stimmte ihm zu und willigte in den Plan ein. Carlos war rehabilitiert und
durfte an einem neuen großen Auftrag teilnehmen.

Im September begannen die Vorbereitungen. Wadi
Haddad und Carlos stellten ein Team zusammen. Neben dem inzwischen international berühmt-berüch-
tigten Terroristen sollten zwei Palästinenser, zwei
Deutsche und ein bis heute unbekannter Südeuropäer –
er sah wie ein Araber aus – die Wiener Aktion durchführen. Große Überraschung für Carlos: Wadi Haddad
erklärte ihm, daß der Mann seines Vertrauens Khaled
heiße, und er das Kommando befehligen werde. Er,
Carlos, hingegen sei das Aushängeschild, eine Sym-
bolfigur.

Die Deutschen waren sehr wichtig, weil sie sich in
Österreich unauffällig bewegen konnten. Sie kamen
von den »Revolutionären Zellen«, mit denen Carlos
bereits in Paris zusammengearbeitet hatte.

Bei den Deutschen handelte es sich um einen Mann
und eine Frau. Der Mann, das wurde von ihm selbst
mehrfach bestätigt, war Hans-Joachim Klein, genannt
»Angie«. Sämtliche Experten gehen davon aus, daß es
sich bei der Frau um Gabriele Kröcher-Tiedemann
handelte. Die Terroristin trat unter dem Decknamen
»Nada« auf und zeigte sich nur maskiert.

Die hübsche Kröcher-Tiedemann, im selben Jahr
durch die Geiselnahme des Berliner CDU-Vorsitzen-
den Peter Lorenz aus deutscher Haft freigepreßt, galt
in ihren Kreisen als besonders brutal und fanatisch. Sie
stand 1990 – nach jahrelanger Verzögerung durch die
Bundesregierung – wegen des OPEC-Anschlags vor
einem deutschen Gericht. Mehr als fünf Jahre hatte die

Bundesregierung, so die zuständige Kölner Schwurgerichtskammer in einem Beschluß, »nicht für die Anwesenheit der Angeklagten in einer Hauptverhandlung« gesorgt, »obwohl ihr dies möglich gewesen wäre«. Beim Kölner OPEC-Verfahren mangelte es an Beweisen und aussagewilligen österreichischen Zeugen. Deshalb wurde die Angeklagte am Ende freigesprochen.

Der Frankfurter Hans-Joachim Klein gehörte seit Jahren zur RAF-Unterstützerszene. Die Öffentlichkeit hatte den ehemaligen Hausbesetzer und Straßenräuber erstmals bewußt wahrgenommen, als er den französischen Philosophen Jean-Paul Sartre zum Besuch der Baader-Meinhof-Führung in die Haftanstalt Stuttgart-Stammheim chauffierte. Klein engagierte sich bei der »Roten Hilfe«, beim »Gefangenenrat« und für den »Revolutionären Kampf«. Er arbeitete ebenfalls für den RAF-Anwalt Klaus Croissant. Der Mann mit dem Szene-Spitznamen »Klein Klein« war eher kleinbürgerlich und hatte eigentlich nicht das Zeug zum hartgesottenen Terroristen. Eine Schlägerei mit den »Bullen« oder eine gewalttätige Demonstration gegen die Macht des Großkapitals, das war eher seine Kragenweite.

Im Laufe des Dezembers trafen die Mitglieder des Teams in Wien ein. Zu ihrer Unterstützung standen sechs weitere Aktivisten der »Revolutionären Zellen« bereit, unter ihnen ihr Chef Wilfried Böse. Sie kümmerten sich aber nur um die Logistik. Carlos kam mit dem Zug aus Zürich und stieg im Hilton-Hotel ab. Er hatte seit September stark abgenommen und sah dem berühmten Fahndungsbild des pausbäckigen Lateinamerikaners mit der dunklen Sonnenbrille – es stammte aus einem seiner Pässe – nicht mehr ähnlich. Niemand erkannte ihn. Seine Komplizen sprachen ihn mit Decknamen an, mal mit Johnny, mal mit Salem.

Am Abend des 20. Dezember – es war ein Samstag und Kleins achtundzwanzigster Geburtstag – traf sich das Kommando zur letzten Einsatzbesprechung. Die Waffen lagen auf dem Tisch, und Carlos erklärte, wie die kleine tschechische Maschinenpistole vom Typ »Scorpion« funktionierte. Am nächsten Morgen fuhren die Terroristen mit der Straßenbahn zum Karl-Luger-Ring, wo sich das OPEC-Hauptquartier befand. Sie schleppten schwere Sporttaschen mit ihrem »Handwerkszeug« – Pistolen, MPs, Handgranaten. Carlos, der einen langen, weißen Trenchcoat und eine in Wien gekaufte Baskenmütze trug, passierte als erster den eigentlich nur symbolisch am Eingang postierten Wiener Polizeibeamten, ohne ihn anzublicken. Es war nicht die Aufgabe des Ordnungshüters, Besucher zu kontrollieren. Also kümmerte er sich auch nicht um den sechsköpfigen Carlos-Trupp.

Zielstrebig bewegten sich die Terroristen auf die Treppe zu. Der Empfangsbereich befand sich im ersten Stock. Dort standen Delegierte, die für eine Zigarettenlänge miteinander plauderten, und zwei österreichische Polizeibeamte, Anton Tichler und Josef Janda. Als Carlos auf diese Gruppe stieß, hatte er bereits seine Maschinenpistole im Anschlag. Klein trat zur Rezeptionistin und fragte nach dem Konferenzraum. Da die Terroristen von ihren Auftraggebern mit genauen Plänen des Gebäudes ausgestattet worden waren, erübrigte sich die Frage eigentlich. Die Empfangsdame begann zu telefonieren, und Klein feuerte einige Schüsse in die Telefonanlage. Die Sekretärin ging zu Boden und griff mutig nach einem anderen Apparat.

Anton Tichler näherte sich dem bewaffneten Carlos und griff nach dessen Maschinenpistole. Er konnte sie ihm fast entreißen, doch »Nada« schoß ihm von hinten in den Hals. Sie schob den sterbenden Polizeibeamten in die Liftkabine und drückte den Knopf für die Fahrt nach unten. Der irakische Sicherheitsbeamte Ala Hassan Khafali wollte sich langsam durch das Treppenhaus entfernen, wurde jedoch von »Nada« gestoppt. Die beiden umklammerten sich in einem ungleichen Ringkampf. Einen Moment später feuerte sie in sein Gesicht. Gleichzeitig stellte sich der libysche Delegierte Yousef Ismirli dem immer weiter vordringenden Carlos in den Weg und versuchte, ihm die Maschinenpistole zu entwinden. Der Venezolaner zog eine Pistole aus dem Gürtel und erschoß den Libyer in einem deutlich sichtbaren Anfall von Jähzorn.

Carlos und seine beiden palästinensischen Komplizen Khaled und Yussef hatten nun den Sitzungssaal erreicht. Mit mehreren Feuerstößen in die Decke verschafften sie sich Respekt. Die meisten Konferenzteilnehmer warfen sich zu Boden. Sie befürchteten ein Massaker an allen Anwesenden. Ein triumphierender Terrorist stand plötzlich in der Mitte des Raumes. Mit lauter Stimme stellte er sich vor: »Mein Name ist Carlos. Sie könnten von mir gehört haben.« Es war 11.44 Uhr.

Hans-Joachim Klein, der später aus der Welt des Terrors ausstieg und ein Buch mit dem Titel »Rückkehr in die Menschlichkeit« schrieb, sagte in einem »Stern«-Interview im September 1994: »Die Toten von Wien waren Morde. Diese Menschen sind für nichts erschossen worden, es war keine Notwehr. Es war Mord.«

Das weitere Geschehen beim OPEC-Überfall gewann immer mehr an Dramatik. In dem vom damaligen Bundeskanzler Bruno Kreisky vorgelegten offiziellen Bericht hieß es:

»Das Einsatzkommando der Bundespolizeidirektion Wien, bestehend aus sechs Mann, ausgerüstet mit Stahlhelmen, kugelsicheren Westen und Maschinenpistolen, traf um 11.50 Uhr vor dem OPEC-Gebäude ein. Noch während der Anfahrt wurde das Einsatzkommando aus dem OPEC-Gebäude heraus beschossen. Drei Beamte des Einsatzkommandos stürmten über die Treppe in den ersten Stock und drangen in das Foyer ein. Beim Betreten des Foyers wurden sie von den Terroristen sofort beschossen.

Trotz dieser Beschießung gelang es dem Angehörigen des Einsatzkommandos, Kurt Leopolder, die Tür, die vom Foyer in den Gang führt, aufzudrücken. In diesem Moment wurde von einem Terroristen im Gang (Klein) eine Eierhandgranate zur Explosion gebracht. Die Explosion ereignete sich ca. sechs Meter von Leopolder entfernt. Leopolder blieb unverletzt und gab aus seiner Maschinenpistole einige Feuerstöße ab. Hierdurch wurde der Terrorist Klein durch einen Bauchschuß schwer verletzt. Eine nun folgende kurze Feuerpause benützte Leopolder, um in den Gang einzudringen und über diesen in die Rezeption zu gelangen. Hierbei wurde er von dem plötzlichen Feuerstoß des Terroristen schwer verletzt.«

In Kleins Memoiren sind die Ereignisse dieser Phase sehr plastisch geschildert:

»Ja, und dann kamen vier, die besser in einem Django-Film aufgehoben waren als in einem Elitekommando der Wiener Polizei. Wenn da was schiefgeht, kostet das nur Geld, dafür stehen die ›Toten‹ auch nach jeder Einstellung wieder auf. Diese vier kündigten ihr Erscheinen mit einem Riesenspektakel

im Treppenhaus an. Ich robbte nach vorn, um zu sehen, was da los ist, und sah vier Bullen mit Stahlhelmen und MPs in den Händen im Treppenhaus stehen. Ich hatte jetzt drei Möglichkeiten. Ich hätte sie trotz ihrer Schutzwesten erschießen können, hätte zwei der Handgranaten rausschmeißen können, was auf dasselbe hinausgelaufen wäre, und ich konnte mich wieder zurückziehen. Ich tat das letztere. Ich kam also wieder in meine Ecke zurück.

Was ich machte, war, meine Pistole neu aufzumunitionieren. Mittendrin kamen die ersten MP-Salven von den Wiener Djangos. Die müssen verrückt geworden sein. Es war klar, daß die keine Chance hatten, an uns vorbeizukommen, so wie wir standen. Das sahen sie ja auch; da war ohne Handgranaten nichts zu machen. Und die durften, konnten oder wollten sie nicht einsetzen... Ich lud mein Magazin zu Ende und gab zwischendurch Joseph (der südeuropäische Komplize, d. Autor) zu verstehen, daß er seine MP auch mal um die Ecke halten solle. Machte der dann auch. Wir hatten noch jeder unsere zwei Handgranaten. Ich wollte meine jedoch erst benutzen, wenn die einen Frontalangriff gestartet hätten. Daß wir welche haben könnten, darauf sind die vier Djangos anscheinend nie gekommen, denn sonst hätten die ihre lebensgefährlichen Spielereien wohl gelassen.

Nun, die spielten weiter Stellungskrieg, als wären sie an der Kriegsfront, schossen ihre MPs leer, und ich bekam einen Querschläger in den Bauch, einen in die Pistole und einen als Streifschuß in den Oberschenkel. Ich schaute noch kurz um die Ecke und sah, wie einer der vier vom Treppenhaus zur Empfangsnische hüpfte, zog mein Hemd aus der Hose, besah mir die Scheiße. Ein Loch, das gar nicht wie ein Loch aussah; mehr wie

ein Schlitz, der vom Fleisch überlappt wurde und aus
dem kein Blut kam. Mir war klar, was das bedeutete,
dachte, verdammte Scheiße, und zog mich in die Kü-
che zurück und rauchte erst mal eine Zigarette. Es tat
nicht weh, so als wäre gar nichts passiert.«

Um 12.50 Uhr betrat der algerische Ölminister Ab-
dessalam den Flur des Gebäudes. Er erklärte, daß er
ein Radiogerät besorgen und die Bereitschaft der Terroristen zu Verhandlungen weitergeben solle. Einer
von Carlos' Leuten brachte inzwischen im Konferenz-
saal Sprengladungen an. Die Ölminister wurden in drei
Gruppen aufgeteilt – jene aus gegnerischen Staaten,
Neutrale und ideologische Freunde. Zur ersten Kate-
gorie zählten Scheich Ahmed Zaki Yamani aus Saudi-
Arabien und Irans Ölminister Dr. Jamshid Amouzegar.
Carlos hatte den Auftrag, beide zu töten.

Drei OPEC-Angestellte überbrachten die Forderungen der Terroristen. Ein Kommuniqué sollte alle zwei
Stunden im österreichischen Rundfunk und Fernsehen
verlesen werden. Ein Bus mit geschlossenen Vorhän-
gen sollte am nächsten Morgen um sieben Uhr bereit-
stehen. Damit wolle man zum Flughafen fahren, um
dann mit einer aufgetankten DC-9 abzufliegen. Unter-
schrieben war das Papier mit einem neuen, von Haddad speziell für diese Operation erfundenen Namen:
»Der Arm der arabischen Revolution.«

Um 15.05 Uhr kam der algerische Minister erneut
in den Flur und wiederholte die Forderungen der Terroristen. Der Geschäftsträger des Irak traf ein und bot
sich als Unterhändler an. Ab 16 Uhr tagte ein Krisenstab im Bundeskanzleramt. Kreisky befand sich noch
auf der Rückreise aus Lech am Arlberg. Der Zustand
von Klein verschlechterte sich zusehends. Schließlich

stimmte Carlos seiner Verlegung in ein Krankenhaus zu. Dort wurde er sofort operiert. Um 18.22 Uhr wurde erstmals Carlos' Kommuniqué verlesen, ein wirres, sechseinhalb Seiten langes Pamphlet gegen die Nahost-Friedenspolitik und für eine gewaltsame Befreiung Palästinas.

Kreisky stellte Gegenforderungen. Alle Geiseln müßten ihre Bereitschaft erklären, in Begleitung der Terroristen das Land zu verlassen. Alle in Österreich wohnenden Angestellten der OPEC müßten vor dem Abflug freigelassen werden. Die mitreisenden Geiseln müßten bei der Ankunft am Zielort sofort entlassen werden. Nach langem Feilschen willigte Carlos schließlich ein. Der irakische Unterhändler brachte die schriftliche Einwilligung aller Delegationsleiter, Carlos zu begleiten.

Am Montag morgen gegen sieben Uhr setzte sich der Bus mit den Terroristen einschließlich dem frischoperierten Klein und fünfunddreißig Geiseln, unter ihnen elf Ölminister, in Bewegung. Um 9.17 Uhr hob die DC-9 der Austrian Airlines vom Flughafen Wien-Schwechat mit Ziel Algier ab. Carlos war bester Laune. Er verteilte Autogramme an Geiseln und schenkte dem Piloten kubanische Zigarren. Er wußte, daß er noch einen Auftrag auszuführen hatte – den Mord an Scheich Ahmed Zaki Yamani aus Riad und am iranischen Ölminister Dr. Jamshid Amouzegar. Die anderen Terroristen wußten es auch, und so stand die unausgesprochene Frage nach dem Wann und Wie im Raum.

Nach der Landung in Algier wurde der schwerverletzte Hans-Joachim Klein sofort in ein Krankenhaus gebracht und ärztlich versorgt. Er sollte dort neun Tage lang bleiben. Die Neutralen unter den Geiseln durften ebenfalls das Flugzeug verlassen. Carlos hielt sich aber nicht an sein Versprechen, alle Geiseln in Algier gehen zu lassen. Er ordnete den Weiterflug in die libysche Hauptstadt Tripolis an. Dort erzwang er ein Treffen mit dem zweiten Mann des Regimes, Major Abdel Salam Dschallud. Carlos forderte ein größeres Flugzeug, das die lange Strecke nach Bagdad ohne Zwischenlandung bewältigen konnte. Die Libyer lehnten ab. Carlos war außer sich. Trotzdem durften weitere Geiseln das Flugzeug verlassen.

Die österreichische DC-9 nahm Kurs auf Tunis. Als sie dort keine Landeerlaubnis bekam, ließ Carlos erneut Algier ansteuern. Inzwischen hatte es bereits erste Gespräche über die Freilassung von Amouzegar und Yamani gegeben. Ihre Regierungen boten 20 Millionen Dollar. Carlos war angetan von der Vorstellung, so schnell so viel Geld zu kassieren, und so wich sein Sinn für revolutionäre Ideologie dem Drang nach den Millionen. Der Deal wurde von der algerischen Staatsbank, und damit der Regierung Boumedienne, abgesichert. Am frühen Dienstag morgen verließen die letzten Geiseln sowie der Carlos-Trupp die Maschine aus Wien. Die OPEC-Operation war beendet.

8. Aden

Mit Ausnahme von Carlos und Hans-Joachim Klein kehrten die OPEC-Attentäter am 28. Dezember 1975 in das Lager der Haddad-Truppe im Südjemen zurück. Carlos zog es vor, die erste Begegnung mit dem Chef der PFLP-SC nach der teilweise gescheiterten Operation hinauszuschieben. Er hatte zwar die elf Ölminister entführt und lautstark auf das schwierige Los der Palästinenser hingewiesen, aber er hatte weder Yamani noch Amouzegar getötet. Am 1. Januar 1976 schließlich konnte er sich nicht mehr weigern, nach Aden zu fliegen. Die Präsidentenmaschine des Südjemen wartete startklar auf dem Flughafen von Algier. Der verletzte Klein begleitete ihn.

Bei der Ankunft erlebte er eine Überraschung: Eine Militärkapelle spielte zu Ehren der beiden Terroristen. Der Präsident lud zur Privataudienz, und ein Großteil der Minister mußte daran teilnehmen, um die jungen »Helden« kennenzulernen. Die surreale Szene wurde vom Staatsfernsehen aufgezeichnet.

Himmel und Hölle lagen jedoch nur wenige Kilometer auseinander. Wadi Haddad übernahm die Rolle des Teufels. Der spätere Aussteiger Klein in seinen Erinnerungen: »Die meiste Zeit – es waren insgesamt fast acht Stunden – wurde von Carlos erklärt, warum das Unternehmen gescheitert ist...« Etwas ausführlicher beschrieb Klein die Situation während eines Interviews mit der französischen Zeitung »Libération«:

»Die Diskussion ging um die drei Toten von Wien. Drei Tote, die für mich drei Morde sind. Es gab nur einen einzigen Grund zu schießen, das war das mit dem Libyer. Kaum war Carlos reingekommen, hat der Libyer ihm die Pistole, eine Beretta, entrissen. Wie sich hinterher rausgestellt hat, haben die Libyer zunächst geglaubt, es wäre eine israelische Kommandoaktion.

Das Magazin ist rausgefallen, und Carlos fand Zeit, eine andere Pistole zu ziehen und ihm in die Schulter zu schießen. Er war bewegungsunfähig: wenn du eine 9 mm Parabellum aus 50 cm Entfernung abkriegst, hast du andere Sorgen. Carlos hat das Magazin in die Beretta zurückgeschoben und buchstäblich auf den Libyer leergeschossen...

Die Rechtfertigungen hatten wirklich nichts zu tun mit der Vorstellung, die ich mir von der Linken und von der Politik mache. Es war unnötig, ihn zu töten und wenn er es gewollt hätte, hätte er dazu nicht das ganze Magazin gebraucht. Carlos ist ein guter Schütze: erinnere dich an die Rue Toullier. Er hat erklärt, daß er ein Exempel statuieren wollte, damit alle wissen, wo's langgeht. Einen Typ als Exempel zu töten, das hatte nichts mehr zu tun mit dem, was wir vorhatten.

Ich hatte an dem Kommando in Wien teilgenommen, weil ich von der Vorstellung ausging, daß die legale Aktion für die Linke nichts mehr bringt. Statt zu reden, mußte man kämpfen. Aber Kampf, das heißt doch etwas anderes, als Leute grundlos zu töten. Und wenn die Freunde des bewaffneten Kampfes einwenden, daß es doch bloß Bullen wären, dann ist das immer noch kein ausreichender Grund.«

Klein stürzte in eine politisch-moralische Krise, und die anderen gingen wieder zur Tagesordnung über.

Carlos zog seine eigenen Schlüsse. Er wußte, daß die Zeit mit Wadi Haddad vorbei war. Der Pate des Terrors brüllte seinen venezolanischen Leihkiller an, zerstörte mit immer neuen Vorwürfen die Basis der weiteren Zusammenarbeit. Es gipfelte darin, daß Haddad Carlos beschuldigte, insgeheim mit den Saudis zusammenzuarbeiten und im übrigen unfähig für jegliche Art von Teamwork zu sein. Die Irakis, so drohte Haddad mit dunklen Andeutungen, würden sich an ihm noch zu rächen wissen.

Während Carlos ruhelos nach Algier zurückkehrte, wo ihm Präsident Boumedienne eine Villa in Oran zur Verfügung gestellt haben soll, liefen beim Terrorchef in Aden schon die Vorbereitungen für eine neue, spektakuläre Operation an. Ein deutsch-palästinensisches Kommando reiste Ende Januar nach Nairobi, um eine El-Al-Maschine während ihres Zwischenstopps auf dem Weg nach Johannesburg anzugreifen. Die Gruppe wurde im Vorfeld festgenommen und tagelang verhört. Dann brachten die Israelis die drei Palästinenser und zwei der drei Deutschen, Thomas Reuter und Brigitte Schulz, nach Tel Aviv, um sie vor Gericht zu stellen. Die dritte Deutsche, Monika Haas, durfte zu Wadi Haddad nach Aden zurückkehren.

Am 27. Juni 1976 fliegt ein Airbus der Air France mit 257 Passagieren an Bord von Tel Aviv nach Paris. Nach der Zwischenlandung in Athen wird die Maschine von einem siebenköpfigen Kommando, bestehend aus den deutschen Aktivisten der Revolutionären Zellen Wilfried Böse und Brigitte Kuhlmann sowie fünf Palästinensern der PFLP-SC, entführt. Flug 139 meldet sich erst nach einer Auftankpause im freundlich gesonnenen Libyen wieder. Da sich die Sudanesen weigern, den Airbus landen zu lassen, wird der Pilot gezwungen, Entebbe in Uganda anzusteuern.

Die verängstigten Fluggäste, viele von ihnen Juden, wissen inzwischen, daß sie es mit der »Che-Guevara-Brigade der PFLP« zu tun haben, und daß die französische Maschine von den Entführern in »Haifa« umbenannt wurde. Die Luftpiraten sprechen sich, um die Identifizierung zu erschweren, nur mit Nummern an.

In Uganda warten drei weitere Komplizen. Das nunmehr zehnköpfige Kommando wird von Idi Amins Soldaten mit zusätzlichen Waffen versorgt und darf sich ausruhen, während die Ugander die Geiseln bewachen. In einer ersten Erklärung fordert die »Che-Guevara-Brigade« die Freilassung von 53 Terroristen aus Gefängnissen in Israel, Deutschland, Frankreich, der Schweiz und Kenia. Auf der Namensliste befindet sich auch eine Freundin von Carlos. Sechs Baader-Meinhof-Mitglieder werden genannt und Kozo Okamoto von der Japanischen Roten Armee, der Überlebende des Massakers auf dem Flughafen von Tel Aviv. Alle Gefangenen sollen nach Entebbe geflogen und dort gegen die Geiseln ausgetauscht werden. Da sich deren Bewachung und Verpflegung jedoch als schwierig erweist, werden am 30. Juni 47 Frauen, Kinder und Alte freigelassen.

In Israel tagt ein Krisenstab, der sich für die komplizierte Strategie der Geiselbefreiung ausspricht – und gegen Verhandlungen. Zum Schein, und um Zeit zu gewinnen, bietet Israel am 1. Juli Gespräche an. Wadi Haddad und seine Leute sind begeistert. Sie setzen gleich noch einmal hundert Geiseln auf freien Fuß. Alle Juden müssen jedoch in ihrer Gewalt bleiben. »Operation Blitzstrahl« läuft an.

Am Abend des 4. Juli landen drei israelische Transportmaschinen auf dem Flughafen von Entebbe. Unter dem Kommando von Brigadegeneral Dan Shomron stürmen Elitetruppen das Gebäude, in dem die restlichen Passagiere des Air France-Fluges 139 festgehalten werden. In einem 53 Minuten dauernden Gefecht töten sie die Terroristen und zahlreiche ugandische Soldaten. Sie befreien die Geiseln und bringen sie zu den Flugzeugen. Vor dem Start zerstören die Israelis noch elf MiG-Kampfflugzeuge von Idi Amins Luftwaffe, um eine spätere Verfolgungsjagd in der Luft zu verhindern. Nach einer Zwischenlandung in Nairobi beginnt der lange Rückflug nach Israel.

Hans-Joachim Klein war entsetzt, als er die Einzelheiten von Entebbe erfuhr. In dem Interview mit »Libération« sprach er in diesem Zusammenhang von »faschistischen Aktionen«. Entebbe war für ihn »wie Auschwitz«. Klein: »Sowie ich erfahren habe, daß sie in Entebbe die Passagiere des Flugzeugs in mehrere Gruppen aufgeteilt haben, die Juden auf die eine Seite, die anderen auf die andere, habe ich sofort an das gedacht, was sich an den Verschiebebahnhöfen von Ausschwitz abgespielt hat. Daß sich Mitglieder der deutschen Guerilla wie Böse und Brigitte Kuhlmann zu einer derartigen Selektion bringen lassen konnten, das ist eine Sache, wie man sie sich trauriger nicht vorstellen kann...«

Der Frankfurter Terrorist bezog sein Wissen direkt von Wadi Haddad, der – so Klein – persönlich in Entebbe anwesend war. Vor dem israelischen Angriff soll er jedoch in die nahegelegene ugandische Hauptstadt Kampala gefahren und dadurch mit dem Leben davongekommen sein. David Yallop schreibt in seiner Carlos-Biographie, der Venezolaner habe seinen Chef

Haddad am Abend jenes 4. Juli begleitet. Auch er habe · deshalb überlebt. Yallop verwechselt wichtige Akteure und kam deshalb zu dieser Behauptung.

Hans-Joachim Klein sorgte in seinem »Stern«- Interview vom September 1994 für ein klares Alibi für Carlos: »Was die Juden im Flugzeug von Entebbe angeht, ist das mit Carlos eine merkwürdige Sache. Als wir beide im Radio hörten, was sich in Entebbe abspielte, war er wütend. Das hat mich ziemlich verwundert. Denn sonst war er ja nicht sehr zimperlich.« Klein und Carlos saßen also zusammen. Klein befand sich, das hatte er früher schon erzählt, während der Entebbe-Operation im Südjemen. Er war zu der Zeit frustriert und litt außerdem noch unter den Schußverletzungen aus Wien.

Andere Quellen besagen, daß sich Carlos zu jener Zeit in Algerien aufhielt und in seine neue Tarnung als Archäologieprofessor George Osharan einarbeitete. Angeblich sollte Carlos auch Anschläge auf den marokkanischen König Hassan und seinen Premierminister vorbereiten. Algerien und sein Nachbar im Westen lagen damals miteinander im Streit.

Auf alle Fälle brachte das Jahr 1976 eine entscheidende Wende im Leben des Terroristen Illich Ramirez Sanchez, genannt Carlos. Der Sechsundzwanzigjährige sagte sich von Wadi Haddad und seiner Truppe internationaler Outlaws los. Er sollte nie mehr eine vordergründig politische Aktion durchführen, sondern nur noch als Söldner arbeiten. Carlos war nun für jeden, der ihn sich leisten konnte, als Lohnkiller zu haben. Und manchmal schlug er ausschließlich aus eigenem Interesse zu.

Als erstes ging Carlos daran, seine eigene Organisation aufzubauen. Geld hatte er genug, war er doch an den OPEC-Millionen beteiligt gewesen. Um mangelnden Zulauf brauchte er sich auch nicht zu sorgen. Sein Name galt mittlerweile als Markenzeichen, dank der Berichterstattung der internationalen Medien. Carlos führte »Einstellungsgespräche« und warb hemmungslos von anderen Gruppen ab, zum Beispiel von der PFLP-SC. Auch einige Aktivisten der Revolutionären Zellen, allen voran Johannes Weinrich, scharten sich um ihn.

Es bereitete Carlos kaum Mühe, sich die nötige Infrastruktur zu schaffen. Algeriens Boumedienne fühlte sich geehrt, daß so berühmte Terroristen bei ihm Zuflucht suchten. Ähnlich war es mit Jugoslawiens Marschall Tito. Belgrad erwies sich als idealer Zwischenstopp, und als relativ sicherer Zugang nach Westeuropa. Die angeblichen Meinungsverschiedenheiten mit den Irakern stellten sich bei genauer Betrachtung als harmlos heraus, eine Finte von Wadi Haddad. Carlos hielt sich 1976/77 immer wieder im sicheren Bagdad auf. Auch mit den Syrern, den traditionellen Rivalen der Iraker, kam er rasch ins Gespräch. Carlos erweiterte seinen Radius innerhalb kurzer Zeit.

Dazu gehörte auch eine Konferenz mit Abgesandten mehrerer Terrororganisationen. Sie sollte im September 1976 in Belgrad stattfinden. Carlos und sein Assistent Klein starteten am 6. September von Algier aus. Was sie nicht wußten: Der Bundesnachrichtendienst beobachtete sie schon seit Wochen und wartete nur auf eine günstige Gelegenheit, seine Informationen an Polizeibehörden weiterzugeben, die die beiden festnehmen konnten. Durch eine nicht planmäßige Zwischenlandung in Genf verzögerte sich die Ankunft von Carlos und Klein in Belgrad. Dort lag mittlerweile das Amtshilfeersuchen aus Deutschland vor.

Zuerst »prüften« die Jugoslawen in umständlicher Weise, ob es sich tatsächlich um Carlos und Klein handelte. In Wirklichkeit sicherte ihnen der Belgrader Geheimdienst bei der Einreise seine solidarische Unterstützung zu. Während die diplomatischen Drähte glühten und Jugoslawien weltweit in den Medien als Unterstützerland des Terrorismus angeprangert wurde, harrten die beiden Gesuchten in ihrem Belgrader Hotel aus. Die Anreise der anderen Konferenzteilnehmer verzögerte sich noch.

Am 12. September konnten die Jugoslawen dem Druck nicht mehr standhalten. Sie baten Carlos und Klein höflich, das Land zu verlassen. Am nächsten Tag ließen sich die Terroristen mit Eskorte zum Flughafen bringen und flogen nach Damaskus. Die Belgrader Regierung versicherte offiziell, Carlos und Klein seien nicht in ihrem Land gewesen. Bei dem aufsehenerregenden Duo habe es sich nur um zwei algerische Fernsehtechniker gehandelt.

9. Budapest, Bukarest, Belgrad, Prag

»Die Revolutionären Zellen gehen auf das Jahr 1972 zurück. Nach den Sprengstoffanschlägen der ersten RAF-Generation im Mai kam es zu einer Diskussion innerhalb der Linken, ob derartige Anschläge ›effizient‹ seien und ob es dabei hinzunehmen sei, daß Unbeteiligte gefährdet und verletzt werden. In der Folgezeit gründeten sich eine Reihe kleiner Gruppen (sogenannte ›Zellen‹) von drei bis fünf Personen, die in der Legalität leben und nur kurzfristig für den Anschlag abtauchen. Sie verüben Brand- und Sprengstoffanschläge – bislang waren es rund 150. Dabei nehmen sie sich in der Linken populärer Themen an, wie die Kritik am Putsch in Chile (1974), den Protest gegen den Paragraphen 218 StGB (1975 – 1977), ›Nato-Nachrüstung‹ (1982 – 1984) und in letzter Zeit der Ausländer- und Asylpolitik. Allein durch eine Anschlagsserie gegen die Bekleidungsfirma Adler richteten die Revolutionären Zellen 1987 einen Schaden von über 35 Millionen Mark an. Nur in Ausnahmefällen begehen sie Körperverletzungen, wie zum Beispiel bei der ›Knieschußaktion‹ an Günter Korbmacher am 1. September 1987: Korbmacher, Vorsitzender Richter des für Revisionen in Asylverfahren zuständigen Senats des Bundesverwaltungsgerichts, wurde in Berlin von einem Unbekannten in den linken Unterschenkel geschossen; die Revolutionären Zellen bekannten sich zu der Tat.«
(Butz Peters: »RAF, Terrorismus in Deutschland«, 1991).

Der Terrorismus der 70er Jahre wurde weltweit von den Palästinensern bestimmt. Es gab keinen wichtigen Anschlag, der nicht auf Wadi Haddad oder auf die Konkurrenz beim »Schwarzen September«, vertreten durch Abu Ijad und Ali Hassan Salameh, zurückzuführen war. OPEC, Entebbe und auch die Entführung der Lufthansa-Maschine »Landshut« nach Mogadischu (mit nachfolgender Befreiung durch die GSG-9), das war Haddad; der von Anfang an mißlungene Terrorüberfall bei den Olympischen Spielen in München, das war der »Schwarze September«. Solange Carlos sich mit seinen palästinensischen Genossen vertrug, durfte er immer wieder als Frontmann einer Operation auftreten und bei dieser Gelegenheit seinen eigenen Mythos aufbauen. Er organisierte keine dieser Aktionen, und bis 1976/77 arbeitete er nie selbständig.

Erst als er glaubte, bekannt genug zu sein, riskierte er es, sich unabhängig zu machen. Trotz aller Bemühungen, ein zweiter Che Guevara zu werden, brachte er es aber auch in den nächsten Jahren nicht weiter als zum Designer-Terroristen, zum Söldner und Leihkiller ohne ideologischen Unterbau. Er vertrat keine »gerechte Sache«, sondern wurde getrieben von seiner eigenen Abenteuerlust, seiner kriminellen Energie, seinem Streben nach Reichtum und persönlicher Macht. Vom gemeinen Verbrecher unterschied ihn lediglich die Absicherung durch Regierungen und Geheimdienste.

Das Imperium des Wadi Haddad zerbröckelte, als der Anführer starb. Im Frühjahr 1978 wurde er an der Ostberliner Charité behandelt, angeblich wegen Leukämie. Seriöse Zeitzeugen versichern, daß Wadi Haddad nicht todkrank war. Heftige Bestrahlungen scheinen seinen Niedergang beschleunigt zu haben. Der griechisch-orthodoxe Christ starb am 28. März 1978

und wurde von Berlin-Schönefeld nach Bagdad über-
führt. Seine Familie beerdigte ihn auf dem anglikani-
schen Friedhof der irakischen Hauptstadt. Sein untreu-
er Schüler Carlos war mit dabei.

Ein zweites Mal – nach Boudias plötzlichem Able-
ben im Jahre 1973 hatte es schon nicht geklappt –
dachte Carlos nun daran, die PFLP-SC zu beerben.
Diese Idee mußte er gleich wieder aufgeben, weil er
dafür erneut nicht das nötige Format hatte. Außerdem
gab es inzwischen einen neuen palästinensischen
Chef-Terroristen: Sabri Khalil al-Banna, genannt Abu
Nidal. Mit den Unruhen im Iran und in Afghanistan
klopften neue, starke Kräfte an die Tür – die islamischen Fundamentalisten. Für einen Designer-
Terroristen wie Carlos mußten die Marktanteile
zwangsläufig schwinden. Also gab er sich damit zufrieden, einige militante Palästinenser und deutsche
Internationalisten aus den »Revolutionären Zellen«
und der »Bewegung 2. Juni« für seine eigene Bande zu
übernehmen. Mit der eigentlichen RAF sollte Carlos
nie kooperieren.

Der internationale Flügel der Revolutionären Zellen, kurz RZ, rekrutierte sich in erster Linie aus Aktivisten, die im Frankfurter Raum lebten. Seit 1970 waren sie am »bewaffneten internationalen Guerilla-
Kampf« beteiligt. Ihr Chef hieß Wilfried Böse, Deckname »Bonni«, und stammte aus Bamberg. Gegenüber
Journalisten bezeichnete sein Vater ihn als »Idealisten
auf der verkehrten Linie«, der »längst nicht fertig mit
seiner Religion von Marx und Mao und so« sei. Böse
hatte sein Studium abgebrochen und betreute den Ver-
trieb des Verlages »Roter Stern«, der in der Frankfurter Szene von zentraler Bedeutung war. Mit einem
»Black-Panther-Solidaritätskomitee« kümmerte er sich

um desertierte US-Soldaten. Als Gegenleistung sollen die GIs Waffen aus US-Militärdepots beschafft haben.

Böses Genossin Brigitte Kuhlmann stammte aus Hannover und studierte Pädagogik. Nebenbei jobbte sie als Anwaltsgehilfin. In der Anarchistenszene kannte man sie als »unheimlich sensiblen Typ«. Sie schrieb Gedichte und kümmerte sich um spastisch Gelähmte, um »durch eigenes Handeln Elend zu lindern«. Ein ihr zugeschriebener Satz lautet: »Wer nicht für die RAF ist, ist für Genscher.« Böse und Kuhlmann lebten zuerst in einer Kommune der »Roten Hilfe« und später zu zweit in einer kleinen Wohnung in Bornheim.

Carlos soll Böse, und auch Brigitte Kuhlmann, schon zu Beginn seiner Terrorkarriere angeworben haben. Anfang 1975 trafen sich Böse und Carlos in Frankfurt und Paris. Im Café »Hôtel de ville« überreichte der Venezolaner seinem Mann einen gefälschten Paß, der auf den Namen Axel Klaudius ausgestellt war, geboren am 7. Februar 1947 in Stuttgart. Der Bamberger wurde am nächsten Tag von Beamten der französischen DST vorübergehend festgenommen und in Saargemünd den deutschen Behörden übergeben. Ein ahnungsloser Saarbrücker Haftrichter ließ ihn laufen. Am selben Tag ermordete Carlos in der Rue Toullier zwei DST-Angehörige und seinen Freund Michel Moukharbel.

Böse und Kuhlmann tauchten augenblicklich unter. Sie landeten dort, wo alle waren, in Wadi Haddads glühend heißem Wüsten-Ausbildungslager außerhalb von Aden. Dort erlernten sie den Umgang mit Waffen und Sprengstoff, Mord- und Sabotagepraktiken. Sie nahmen an Sitzungen teil, bei denen neue Anschläge besprochen wurden. Ein typischer Böse-Vorschlag war seinerzeit die Ermordung des populären Nazi-Jägers Simon Wiesenthal. Hans-Joachim Klein erinnert sich: »Der Grund war, daß Wiesenthal eng mit dem Mossad, dem israelischen Geheimdienst, zusammenarbeitete.«

Carlos sprach sich leidenschaftlich dagegen aus. Für ihn war Simon Wiesenthal ein bedeutender Mann, weil er die Nazis bekämpfte. Klein: »Carlos, das war ein sehr widersprüchlicher Typ. Nach Entebbe war er ganz begeistert über das, was die Israelis gemacht hatten. Er sagte, daß man, wenn der Feind etwas Gutes macht, das anerkennen muß.« Immerhin, in Uganda wurden Wilfried Böse, 26, und Brigitte Kuhlmann, 28, genannt »Halimeh«, von israelischen Elitesoldaten erschossen. Carlos, das zeigte sich immer wieder, wollte nur mit den Siegern sein.

Eine wesentlich wichtigere Rolle im Leben von Illich Ramirez Sanchez spielten Johannes Weinrich und Magdalena Kopp. Der Verlagskaufmann Weinrich, 1947 in Brakel geboren, ist heute der »dienstälteste und gefährlichste deutsche Terrorist« (ein BKA-Fahnder). Er alleine hat »vermutlich mehr Menschen ermordet, als die ganze RAF zusammen« (nochmals BKA).

Sein Weg führte ihn von Schwerte an der Ruhr, wo er Demonstrationen gegen Schule und Notstandsgesetze organisiert hatte, ins Frankfurter Westend. Er studierte Erziehungswissenschaften in Bochum und Frankfurt. Die Studentenbewegung war bereits tot, die Baader-Meinhof-Bande noch im Entstehen. In Frankfurt wimmelte es von Sektierern und seltsamen Heiligen, von Biedermännern und Brandstiftern, von militanten Linksaktivisten und sanften Kommunarden.

Im August 1970 saßen sie in der Unterlindau 74 zusammen: Karl-Dietrich Wolff, der letzte Bundesvorsitzende des Sozialistischen Deutschen Studentenbundes (SDS), Wilfried Böse, Michael Schwarz und Johannes Weinrich. Für die Publikation eigener Polit-Literatur gründeten sie den Verlag »Roter Stern« mit Sitz in der Holzhausenstraße. Zu ihren künftigen Auftraggebern sollte das Szeneblatt »Pflasterstrand« gehören.

Peter Sandmeyer charakterisierte Weinrich 1991 im »Stern«:

»Johannes Weinrich war damals ein eher unscheinbarer Typ. Die linke Frankfurter Szene kannte ihn als Initiator von Vietnam-Demos und als Gründungsmitglied des Solidaritäts-Komitees für die amerikanischen ›Black Panthers‹, als einen der Viel-Redner auf den zahllosen Teach-Ins und Vollversammlungen. Sonst aber war er eher still. Keine charismatische Führerfigur wie Rudi Dutschke oder Daniel Cohn-Bendit. Ein Vergrübelter, nach innen lauschend, mit trotzigem Mund und ausdrucksvoller Nase, ähnlich dem jungen Jean-Paul Belmondo.«

Weinrich blickte fasziniert auf ausländische Untergrundorganisationen. Das hatte er mit seinem Freund Böse gemeinsam. Beide waren sehr angetan vom frisch entflammten Kampf der Palästinenser. Es fehlte ihnen nur noch an der passenden Gelegenheit, die Genossen aus dem Nahen Osten aktiv zu unterstützen.

Der »Rote Stern« war mehr schlecht als recht angelaufen, da gab es Zuwachs. Michael Leiner und Magdalena Kopp kamen aus Ulm und suchten einen Job in Frankfurt. Er hatte einen Abschluß an der Ulmer Hochschule für Gestaltung, sie eine Fotografenlehre in Berlin vorzuweisen. Zusammen hatten sie einige Filme über die Studentenbewegung gedreht. Auch dieses junge Paar wurde vom 68er Kampfgeist getrieben. Magdalena Kopp und Johannes Weinrich trafen aufeinander und fanden sich nicht unsympathisch. In ihrem Freundeskreis: der Mechaniker Hans-Joachim Klein, der in der Anwaltskanzlei Johannes Riemann/Inge Hornischer aushalf, und seine Freundin Hanna Elisa Krabbe, eine spätere RAF-Frau (und Mitbesetzerin der deutschen Botschaft in Stockholm).

Der »Rote Stern« war ein Ort, wo Lebenslinien sich kreuzten, aber keinesfalls eine Lebensaufgabe. Der Verlag hatte also stets mit großer personeller Fluktuation zu kämpfen. Wilfried Böse entschied sich frühzeitig, eine »Feierabend-Untergrundarmee« aufzubauen. Die Revolutionären Zellen sollten für ihn erst Leben, dann Tod bedeuten. Johannes Weinrich trat als Geschäftsführer des Frankfurter Verlags ab und eröffnete den »Linken Buchladen« in Bochum. Dort engagierte er sich auch im ASTA der neuen Universität. In Bonn sah man ihn, als die »Rote Hilfe« entstand.

Irgendwann trafen sie alle mit Carlos zusammen. Hans-Joachim Klein wurde durch Böse vermittelt. Er sah den Venezolaner zum ersten Mal Anfang 1975 in Paris, »in einem Haus, sehr vornehmer Laden, da hustet der Türwächter nicht, der hüstelt höchstens«. Carlos war also in seiner gewohnten Umgebung, und der Revolutionsgehilfe Klein hatte Mühe, sich darin zurechtzufinden. Die Faszination für Waffen war allerdings etwas, das die RZ-Aktivisten mit dem eleganten Latino verband.

Der erste Auftrag für Johannes Weinrich läßt sich sehr genau auf den 8. Januar 1975 datieren. Damals schickte ihn das »Kommando Boudia« mit einem Führerschein los, dessen Besitzer mit Fritz Müller angegeben war, um einen Peugeot 504 zu mieten. Das Auto wurde Tage danach für den Anschlag der Haddad-Gruppe auf den Flughafen Orly benutzt. Weinrich saß am Steuer des einen Fahrzeugs, Carlos lenkte ein anderes. Das verbindet. Am 24. März 1975 wurde Weinrich in Frankfurt festgenommen. Der Haftbefehl lautete auf Beteiligung an dem Pariser Terroranschlag.

Auf den Tag vier Wochen später besetzten sechs deutsche Terroristen die Botschaft der Bundesrepublik in Stockholm. Sie brachten elf Geiseln in ihre Gewalt, darunter den Botschafter. Das Kommando forderte die Freilassung von 26 Genossen, unter ihnen Ulrike Meinhof, Andreas Baader, Gudrun Ensslin, Jan Carl Raspe – und Johannes Weinrich. Als ihr Anliegen zurückgewiesen wurde, ermordeten sie zwei Diplomaten. Um Mitternacht explodierte der mitgebrachte Sprengstoff und zerstörte den Großteil des Gebäudes. Die Terroristen wurden gefaßt.

Johannes Weinrich hatte gesundheitliche Probleme. Er saß in der Karlsruher Untersuchungshaft und klagte über Blasenschmerzen. Ein Urologe stellte Eiterzellen im Prostatasekret und verhärtete Blutgerinsel im kleinen Becken fest. Eine ambulante Behandlung führte zu keiner Besserung. Am 18. November gewährte der zuständige Ermittlungsrichter Haftverschonung. Magdalena Kopp hinterlegte 10 000 Mark Kaution, Weinrichs Vater weitere 20 000.

So kam Johannes Weinrich frei. Es sollte sein erster und bislang letzter Gefängnisaufenthalt sein. Weinrich trat die Nachfolge von Böse als Chef des internationalen Flügels der Revolutionären Zellen an. Im Juli 1977 tauchte er ab und schloß sich der neuen Carlos-Gruppe »Organisation Internationaler Revolutionäre« an. Nun legte er sich Decknamen zu. Zuerst hieß er »Sharif« oder »Halim«, später dann »Steve«.

Die Carlos-Truppe begann, osteuropäische Strukturen aufzubauen. In Budapest und Belgrad, Bukarest,

Prag und Ostberlin fühlten sich die »Revolutionäre« sicher, weil der Eiserne Vorhang zu jener Zeit noch dicht war und die Ostblock-Nachrichtendienste gerne auch mal auf unkonventionelle Art arbeiten ließen. Dieses System funktionierte einige Jahre perfekt. Hätte es bei den roten Diktatoren Probleme gegeben, dann wäre der Rückzug zu deren arabischen Kollegen stets offen gewesen.

Aus dem arabischen Raum kamen auch einige von Carlos' engsten Vertrauten. Betreute Weinrich etwa zwei Dutzend RZ-Leute, die je nach Bedarf eingesetzt wurden, so kümmerte sich Abul Hakam aus dem syrischen Homs um eine nicht bekannte Anzahl arabischer Helfershelfer. Abul Hakam, Deckname Ali, der eigentlich Kamal al-Issawi heißt, war an allen wichtigen Anschlägen der Carlos-Truppe beteiligt. Er befindet sich noch in Freiheit. Dasselbe trifft auf den Finanzkurier der Organisation zu, Nabil Jarjis Darbali. Er stammt aus dem Libanon und ist noch heute eine bekannte Figur in der nahöstlichen Terrorszene.

Carlos trat an die Ostblockstaaten mit einer vorgeschobenen Ideologie heran, die diese nicht zurückweisen konnten, ohne unglaubwürdig zu werden. Nach ihren eigenen Worten praktizierte die »Organisation internationaler Revolutionäre« den »revolutionären bewaffneten Kampf gegen den Imperialismus«. Dazu unterhielt man enge Kontakte zu den Befreiungsbewegungen im arabischen Raum, in Lateinamerika und »in den Zentren des Imperialismus«. Von den Satellitenstaaten Moskaus erwartete Carlos Einreise- und Aufenthaltsmöglichkeiten, falsche Pässe, konspirative Wohnungen und Autos, die Genehmigung zum Tragen von Waffen und die Möglichkeit, Waffen wie auch Sprengstoff zu kaufen.

Im September 1978 fand in Dubrovnik ein Geheim-
kongreß statt, an dem Vertreter des »Schwarzen Sep-
tembers«, von Haddads PFLP-SC, der Japanischen
Roten Armee, der italienischen Roten Brigaden, der
RAF und einiger lateinamerikanischer Terrorgruppen
teilnahmen. Hauptthema war die Frage gegenseitiger
Hilfestellung.

Budapest war die wichtigste logistische Basis der
Organisation in den Jahren 1979 bis 1985. Die Zusammenarbeit mit dem ungarischen Nachrichtendienst
funktionierte ausgezeichnet. Carlos und seine Leute
mieteten Wohnungen gegen Devisen und waren deshalb gemeinhin nicht auf Hotels angewiesen. Fast
ständig befand sich eines der Führungsmitglieder in
Budapest, zumeist Abul Hakam oder Johannes Weinrich. Carlos selbst hielt sich beispielsweise im Dezember 1983 und im März 1984 in Ungarn auf.

Wie schreckhaft oder gar paranoid er war, zeigte
sich, als Carlos eines Tages im Taxi unterwegs war. Er
fühlte sich verfolgt. Sein Wagen hielt an einer roten
Ampel, und Carlos sprang aufgeregt heraus. Innerhalb
von Sekunden feuerte er ein ganzes Magazin auf einen
hinter ihm haltenden BMW. In dem Fahrzeug sollen
um seine Sicherheit besorgte Agenten der Staatssicherheit gewesen sein, getarnt durch ein Westauto.
Wie durch ein Wunder blieben sie unverletzt.

In Ungarn fanden immer wieder Treffen mit Kontaktleuten aus dem Westen statt, wurden Waffen und
andere Gerätschaften der Gruppe gelagert. Das gefährliche Handwerkszeug kam im diplomatischen Gepäck der syrischen, jemenitischen und libyschen Botschaft und wurde von den nahöstlichen Handlangern
sogar persönlich zugestellt. Ironischerweise erhielt
Ungarns nach der Wende neu gegründete Anti-Terror-

Einheit das von Carlos hinterlassene Waffenlager als Grundausstattung. Immerhin reichte das Arsenal von der kleinen, handlichen Pistole bis zum Raketenwerfer.

Am Ende seiner ungarischen Phase – den Gastgebern wurde die Anwesenheit der Terroristen wegen ihrer mangelnden Kontrollierbarkeit zum Problem – sandte der Chefterrorist ein sehr persönliches Dankesschreiben an Staats- und Parteichef János Kádár: Er verabschiedete sich mit »revolutionären Grüßen«.

1979 und 1980 hielten sich Carlos-Leute häufig in Sofia auf. Carlos kam erstmalig wieder im Dezember 1983, und dann weitere vier Mal in den folgenden drei Monaten. Dabei wurde er entweder von Johannes Weinrich oder von Abul Hakam begleitet. Auch in Bulgarien durften die Mitglieder der Carlos-Bande offiziell Waffen tragen. Manchmal waren sie sogar so dreist, die Pistolen zu zeigen. Ihr Chef verkehrte mit dem bulgarischen Geheimdienst DS auf freundschaftlicher Basis und lieferte seinen Kontaktleuten viele Informationen.

Auch Prag zog die Carlos-Führungskader magisch an. Sie kamen meistens an die Moldau, um Sympathisanten und Helfershelfer aus dem Westen zu treffen. Als die CSSR-Sicherheitsbehörden den Umfang dieser geheimen Transaktionen erkannten, stellten sich Skrupel ein. Beim tschechischen Staatssicherheitsdienst StB befürchtete man, daß das Land als Terrorunterstützer gelten könnte, sollte die Anwesenheit der Terroristen bekannt werden. Also wurde den ungebetenen Besuchern 1980 freundlich, aber bestimmt klargemacht, daß sie die Tschechoslowakei besser meiden sollten. In offiziellen Dokumenten ist sogar von »Reisesperrmaßnahmen« die Rede. Carlos und seine Leute

unterliefen aber alle Einreisehindernisse, indem sie·
grundsätzlich mit Diplomatenpässen auftauchten.

1983/84 gab es im Ostblock konzertierte Maßnahmen der Geheimdienste gegen die Carlos-Gruppe.
Vertreter der Bulgaren, Tschechen und Ungarn trafen
sich, um zu beraten, wie man den lästigen Killertrupp
loswerden könnte. Niemand kam auf die Idee, Carlos
und die Seinen ganz einfach festzunehmen und in den
Westen abzuschieben. Statt dessen wurde eine umfassende Einreisesperre beschlossen. Anfang 1984 griff
die neue Maßnahme in allen mitteleuropäischen Ostblockstaaten.

Die Ausnahme von der neuen Regel wird in Prager
StB-Kreisen immer wieder als Anekdote erzählt: Carlos, Magdalena Kopp und Johannes Weinrich trafen
am 10. Juni 1986 in der Goldenen Stadt ein. Sie kamen
aus Budapest, weshalb eine Art Warnmeldung des ungarischen Dienstes Stunden vor ihnen eintraf. Das Trio
bezog Zimmer im luxuriösen Hotel Intercontinental
zwischen Altstadt und Moldau. Der tschechische Geheimdienst beobachtete die Terroristen rund um die
Uhr. Es deutete alles darauf hin, daß Carlos und die
beiden Deutschen nur in der Stadt waren, um sich einige Tage zu amüsieren. Ob deshalb die Observation
den Decknamen »Aktion Turista« bekam?

Der Venezolaner und seine Begleiter reisten diesmal mit syrischen Diplomatenpässen, da sie sich zu
der Zeit mit dem Regime in Damaskus arrangiert hatten. Carlos hieß Watta Walid, die Kopp Maria Aziz,
der Leibwächter und Sekretär Weinrich Radwan Fah-
rids. Nach drei Tagen deutete sich an, daß sie den
Aufenthalt verlängern wollten. Das mißfiel den Tschechen. Beim StB beschloß man, die drei Ausländer in
einem persönlichen Gespräch zur Abreise zu bewegen.

Zwei Herren von der Staatssicherheit fuhren zum Intercontinental.

Die beiden ließen sich über die Rezeption anmelden und begaben sich dann zum Zimmer von Carlos. Der bullige Starterrorist öffnete selbst die Tür. Er bat die beiden Besucher herein und setzte sich zu ihnen. Johannes Weinrich stand während der etwa einstündigen Unterredung an der Wand und beobachtete das Geschehen. Er hatte die Jacke geöffnet. Dadurch waren zwei Waffen zu sehen, eine davon im Schulterholster. Weinrich machte auf die Tschechen einen sehr nervösen Eindruck. Der Wortführer der beiden StBVertreter kündigte deshalb jede seiner Bewegungen vorher an, auch den Griff nach den Zigaretten in seiner Jacke.

Man unterhielt sich auf Englisch, und irgendwann fragte Carlos seine Besucher, ob sie mit ihm nicht Russisch sprechen wollten. Einer der beiden Tschechen fragte höflich nach, ob der Venezolaner seine Russischkenntnisse in Moskau erworben habe. Carlos nickte leutselig: »Nun, das war nicht wirklich in Moskau, sondern in der Nähe der Stadt. Das war so etwa vor acht, neun Jahren.«

Als er plötzlich einen Anruf vom PLO-Botschafter Abu Hisham erhielt, wechselte Carlos ins Arabische. Allem Anschein nach bat Abu Hisham den ihm gut bekannten Terroristen, den tschechischen Behörden keinen Ärger zu bereiten und abzureisen. Carlos wurde wütend und legte einfach auf. Er wandte sich an einen der beiden Geheimdienstleute: »Bitte rufen Sie die Telefonzentrale an und sagen Sie denen, daß sie keine Anrufe mehr in mein Zimmer durchstellen sollen. Und wenn Abu Hisham noch einmal anruft, dann sollen sie ihm sagen, daß er der erste auf meiner Abschußliste sein wird.«

Während dieser Stunde war auch die erkennbar·
schwangere Magdalena Kopp zeitweise anwesend. Sie
trug traditionelle arabische Kleidung. Das Sprachgenie
Carlos unterhielt sich mit ihr auf Deutsch. Die Verhandlungen zogen sich hin, und Carlos zeigte keine
Neigung, Prag zu verlassen. Er schien die Stadt sehr zu
mögen, und im übrigen war er ganz einfach stur.

Schließlich rückten die Tschechen mit der erfundenen Nachricht heraus, ein Kommando des französischen Dienstes sei in Prag angekommen und suche
ihn. Da gebe es doch noch offene Rechnungen. Carlos
hatte die Franzosen mit einer ganzen Serie von Anschlägen jahrelang in Atem gehalten. Nun wurde der
Terrorchef nervös. Er zückte seine Pistole und rief
voller Überzeugung: »Das hier ist meine Sicherheit!«

Dann wurde er plötzlich ruhiger und schien nachzu-
denken. Er ließ sich eine Flasche Courvoisier bringen
und lud alle Anwesenden zu einem Drink ein. Beim
Zimmerservice bestellte er Kaffee. Als fünf Tassen
Kaffee und fünf Mineralwasser eintrafen, langte Carlos nach seiner Brieftasche. Sie enthielt ein dickes
Bündel mit DMark-Scheinen und auch tschechische
Kronen. Er gab dem Kellner 500 Kronen Trinkgeld,
einen Betrag, der bei weitem den Wert der gelieferten
Getränke überstieg. Der tschechische Geheimdienst-
mann rückblickend: »Das war der teuerste Kaffee, den
ich in meinem ganzen Leben getrunken habe.«

Die Tschechen baten Carlos, mit dem Packen zu
beginnen. Ein Flugzeug warte auf ihn. Er kam der
Aufforderung nach und verschwand dann kurz, um einen kleinen Handkoffer aus dem Hotelsafe zu holen.
In der Zwischenzeit sammelte auch Magdalena Kopp
ihre Sachen zusammen. Aus einem der Koffer nahm
sie ein Schulterholster mit einer Mauser und befestigte

die Waffe unter ihrem Kleid. Die Tschechen nahmen an, daß sie im vierten oder fünften Monat schwanger war. Einer von ihnen sprach mit ihr. Sie sagte, sie sei deutsch und komme aus einem Ort bei Augsburg. Sie habe Soziologie studiert. Einer der Agenten wollte wissen, ob sie diese Art von Leben liebt. Sie erwiderte, es sei schlimm, aber ganz in Ordnung.

Kurz darauf kam Carlos mit einem Koffer voller Geld zurück. Er öffnete ihn und begann langsam, die Noten zu zählen. Es war eine Million Dollar in 100-Dollar-Noten. Dieses Geld, so sagte er, sei die Bezahlung für einen »rumänischen Job«. Er habe es in Budapest entgegengenommen, und seither sei es ein Problem für ihn, nach Bukarest zu reisen, denn er fürchte die Securitate. Er dachte wohl, seine Auftraggeber wollten ihm die Summe wieder abjagen.

Carlos und seine Begleiter fuhren schließlich zusammen mit den tschechischen Staatsschützern zum Flughafen. Dort entstand nochmal Unruhe, als die Besatzung des Flugzeugs herausfand, daß ihre verspäteten Passagiere bewaffnet waren. Eine Stewardeß informierte den Captain, und dieser sprach mit den tschechischen Begleitern des Trios. Als die StB-Beamten verfügt hatten, daß die Waffen an Bord bleiben konnten, startete die Maschine nach Moskau.

In der sowjetischen Hauptstadt erwartete sie schon der nächste Konflikt. Ein KGB-Betreuer kam an Bord, um die ungewöhnlichen Reisenden abzuholen. Er verlangte von ihnen als erstes die Herausgabe der Waffen. Carlos weigerte sich. Schließlich wurde der Disput – wohl auch, um nicht zuviel Aufsehen zu erregen – mit gespielter Freundlichkeit beigelegt. Die kleine Gruppe verließ das Flugzeug. Von Moskau reisten Carlos, Kopp und Weinrich nach Damaskus, ihrer neuen Heimat.

Daß die Beziehungen zwischen den eher konservativ-bodenständigen Tschechen und den »internationalen Revolutionären« gespannt waren, zeigt ein weiteres Beispiel. Einer von Carlos' arabischen Mitkämpfern traf mit einem jemenitischen Diplomatenpaß, ausgestellt in Moskau, in Prag ein. Bei der – trotz seiner diplomatischen Immunität vorgenommenen – Untersuchung seines Gepäcks fanden die Tschechen weitere gefälschte Pässe und 85 000 Dollar in bar. Er sei, sagte der Mann, der Quartiermacher der Carlos-Gruppe. Die Tschechen ließen keinen Zweifel daran, daß er in ihrem Land unerwünscht war. Sie stellten ihn vor die Wahl, nach Polen weiterzureisen oder in die Bundesrepublik ausgewiesen zu werden. Er entschied sich für Warschau. Die Option, nach Deutschland zu fliegen, soll ihn völlig aus der Fassung gebracht haben: »Genausogut können Sie mich hier erschießen!«

Mit zunehmender Nähe zum Nahen Osten benahmen sich die alten Kameraden immer freundlicher. Das galt für den Transitpunkt Belgrad, aber auch für das menschenverachtende Regime des Karpatenherrschers Nicolae Ceauşescu. In einem Stasidokument von 1984 heißt es über die Verbindungen der Carlos-Gruppe: »Festgestellt wurden stabile Beziehungen zu den Sicherheitsorganen der Sozialistischen Föderativen Republik Jugoslawien. Der Gruppe wurden nachweislich Waffentransporte durch Jugoslawien nach Griechenland gestattet. Die Führungsmitglieder können sich ungehindert im Land aufhalten.«

Rumänien war ein Sonderfall, weil die dortige Staats- und Parteiführung und Illich Ramirez Sanchez »Brüder im Geiste« waren. Das heißt, man kam sich auch menschlich sehr nahe. Die ersten Kontakte entstanden im Januar 1980. Magdalena Kopp reiste auf

Einladung des für seine Skrupellosigkeit berüchtigten Staatssicherheitsdienstes Securitate nach Bukarest. Sie wurde freundlich empfangen. Die »Organisation internationaler Revolutionäre« nahm die gegenüber Magdalena Kopp ausgesprochene Einladung für die ganze Gruppe an.

Ceaușescu stellte Carlos ein ganzes Haus zur Verfügung. Dort konnte der Terrorist sein neues Hauptquartier einrichten. Nach und nach wurden zahlreiche Waffen und Ausrüstungsgegenstände von Budapest nach Bukarest verlagert. Die Rumänen lieferten gefälschte Pässe und sogar drei Panzerfäuste des Typs RPG-7 mit Spezialoptik und 18 Geschossen. Aus den Stasiakten geht hervor, daß ein wichtiger Kontaktmann bei der Securitate Andre Vicescu hieß.

Carlos und seine nächsten Mitarbeiter hielten sich immer wieder in Bukarest auf. Angeblich lebte der Topterrorist zeitweise sogar in einer von Ceaușescus Villen am Schwarzen Meer. Von Rumänien wechselte er nach Damaskus. Die Freundschaft blieb aber so eng, daß die Stasi 1984 mutmaßte, Carlos plane, »bei einer Verschlechterung der Beziehungen zu Syrien nach Bukarest auszuweichen«.

Rumänien war das einzige Ostblockland, für das die Carlos-Gruppe direkt arbeitete. Die Terroristen verübten im Auftrag der Securitate mehrmals Anschläge auf rumänische Dissidenten. Am 4. Februar 1981 erhielten drei Oppositionelle Paketbomben, die in Spanien aufgegeben worden waren: Nicolas Penescu, der ehemalige Innenminister mit Wohnsitz in Paris, der ebenfalls in Paris lebende Schriftsteller Paul Goma und Scerban Orescu, der Chef einer Emigrantengruppe in Köln. Es wurden ein Polizeibeamter und der Ex-Minister in Paris leicht verletzt, ebenso der Regimegegner in Köln.

Am 21. Februar 1981, einem Samstag, befand sich ein Carlos-Kommando in München. Die Terroristen deponierten eine 15-Kilo-Bombe aus unverdämmtem Plastiksprengstoff Nitropenta außerhalb des – von 1950 bis 1971 von der CIA, später vom US-Kongreß finanzierten – Senders »Radio Freies Europa« (RFE) am Englischen Garten. Punkt 21.50 Uhr detonierte der Sprengsatz. Vier Mitarbeiter der tschechischen Redaktion wurden schwer, vier weitere leicht verletzt. Der Schaden betrug vier Millionen Mark. Die Ermittlungen der deutschen Polizei haben inzwischen ergeben, daß dieser Anschlag vor allem Rundfunksendungen nach Rumänien behindern oder gar stoppen sollte.

Ein beim RFE eingeschleuster Ostagent hatte bei der Vorbereitung des Terroranschlags geholfen. Er hatte detaillierte Skizzen und Lagepläne gezeichnet, damit sich die aus Budapest angereisten Täter besser zurechtfanden. Das beweist auch ein vom ungarischen Geheimdienst im Frühjahr 1981 erstellter umfangreicher Bericht über »Die Vorbereitung eines Anschlags auf den Sender ›Freies Europa‹ in München«. Das ausführliche Papier entstand mit Hilfe von Ausspähungsunterlagen, die den Ungarn in Carlos' Budapester Wohnung in die Hände gefallen waren.

Auf Seite 20 der Erklärungen heißt es beispielsweise: »Das Gelände (des RFE, d. Autor) hat nur einen einzigen Eingang, aber es verdient Aufmerksamkeit, daß es an der linken Seite des Gebäudes (Unterkünfte?) von der Oettingenstraße her einen Eingang gibt, der immer verschlossen ist. An diesem Punkt befindet sich in der Betonmauer, die entlang der Oettingenstraße verläuft, ein in Seitenrichtung verschiebbares Eisentor, das ungefähr die gleiche Höhe hat, wie die Betonmauer.«

Ähnlich exakt wurden auch die Empfangsanlagen des Senders im Münchner Vorort Schleißheim (für die Radioprogramme des Ostblocks) und die Sendeanlagen an Plätzen wie Holzkirchen südlich von München beschrieben. Die Komplizen der Täter kannten sich so gut aus, daß sie sogar die Sicherheitsvorkehrungen und die unterschiedlichen Situationen vor Ort zu verschiedenen Tageszeiten erklären konnten. In diesem Zusammenhang laufen noch polizeiliche Ermittlungen, die die Grundlage für eine Anklage gegen die Täter von München schaffen sollen, deren Identität bereits bekannt ist.

10. Berlin

Das Kommandounternehmen des »Schwarzen September« bei den Olympischen Spielen in München im September 1972 führte zu einer Wende im bislang sorglosen Umgang der Bundesdeutschen mit dem arabischen Terrorismus. Das Massaker an den israelischen Sportlern beeindruckte aber auch die Deutschen Ost. Die Staats- und Parteiführung und vor allem der Minister für Staatssicherheit, Erich Mielke, kamen zu dem Schluß, daß man sich auf diesem Sektor unbedingt stärker engagieren müßte. Pünktlich zu den kommunistischen Weltjugend-Festspielen 1973 wurde eine neue Stasi-Unterabteilung geschaffen.

Deren letzter Chef vor der Wende 1989 war Oberst Horst Franz. Er erinnert sich an den Start: »Wir hatten Erkenntnisse über den Anschlag von 1972. Das alles sollte und mußte in der DDR verhindert werden.« Zuerst entstand ein Gegenstück zur GSG 9, die sogenannte »Arbeitsgruppe Minister«, kurz AGMS. Die spätere Stasi-Abteilung XXII nahm sich des internationalen Terrors an, und ihr Referat 8 pflegte exzellente Kontakte zu arabischen Organisationen wie auch zur westdeutschen Rote Armee Fraktion (RAF).

Die Männer der ersten Stunde bei der Terrorbeobachtung waren der 1982 verstorbene Generaloberst Bruno Beater und Oberst Harry Dahl. Ab 1980 fungierte Oberst Horst Franz als Stellvertreter von Dahl. 1986 übernahm er dessen Posten.

Die wichtigste Funktion in einer Hauptabteilung oder selbständigen Abteilung des MfS war die eines »Stellvertreters operativ«. Er war für alle operativen Einsätze zuständig. Unter Dahl wirkte Oberst Günter Jäckel in dieser Funktion. Jäckel war ein enger Vertrauter des für die Abteilung XXII zuständigen stellvertretenden Ministers, Generalleutnant Gerhard Neiber. Beide waren in den 70er Jahren für längere Zeit als Stasi-Residenten an der DDR-Botschaft in Addis Abeba eingesetzt gewesen. Die einzige hausintern bekannte Erfolgsmeldung besagt, daß das Team Jäckel/Neiber in jenen Jahren einen lukrativen Handel mit Edelhölzern aufgezogen habe.

Und dann gab es noch Oberstleutnant Helmut Voigt, der dem Referat 8 (Linksextremismus) vorstand. Voigt ist die interessanteste Figur unter all den Bürokraten und alten Herren aus der Terrorabteilung. Geboren 1942 in Röblingen, erlangte er 1959 die Mittlere Reife. Eine dreijährige Schlosserlehre beendete er mit der Facharbeiterprüfung. Helmut Voigt war inzwischen SED-Mitglied geworden und begann, in Zwickau Bergmaschinentechnik zu studieren. Auch dies brachte er zu Ende und rückte 1964 in seinem alten Betrieb zum »Ingenieur für sozialistische Brigaden« auf. In jener Zeit erkannte er jedoch, daß seine Berufung anderer Art war.

Helmut Voigt bewarb sich beim Ministerium für Staatssicherheit in der Ostberliner Normannenstraße. 1965 wurde der Ingenieur als Offizier in die Bezirksverwaltung Halle/Kreisdirektion Eisleben der Stasi übernommen. Der ehrgeizige Voigt wußte, daß dies nur eine Zwischenstation sein konnte. Er schrieb sich zum dreijährigen Studium an der Juristischen Hochschule des MfS in Potsdam ein. Es folgte die Versetzung zur Arbeits- und Kontrollgruppe (AKG) der Bezirksverwaltung Halle.

Seine Vorgesetzten beurteilten ihn als »hochqualifizierten Kader«. Mitte 1978 wurde er zur neuen Abteilung XXII abkommandiert. Elf Jahre blieb er dabei, und er ging davon aus, daß das MfS eine Behörde für die Ewigkeit wäre. Voigt galt als allwissend, zumindest was die rund vierzig Mitarbeiter umfassende Unterabteilung betraf. Er betrachtete sein Arbeitsgebiet als Lebensaufgabe und engagierte sich für ein Jahressalär von 39 750 Mark Ost mit großer Energie. Doch das Regime kollabierte, damit das Ministerium und seine Abteilung. Im ersten Halbjahr 1990 gehörte der Terrorexperte Voigt dem sogenannten »Komitee zur Auflösung des MfS/AfNS« an und wickelte seine alte Existenzgrundlage ab.

Voigt war ein Mann der ersten Stunde gewesen und zählte schon dazu, als 1978 etwa zwanzig Leute rekrutiert wurden. Zuerst hatte es eine Arbeitsgruppe XXII gegeben, ab 1980/81 eine Abteilung XXII. Die Gründung geschah per Ministerbefehl.

In der Dienstanweisung 1/81 vom 16. März 1981 hieß es im Originalton Ost:

»In dem Bemühen, aus der historischen und weltpolitischen Defensive herauszukommen, unternimmt der Imperialismus alles, um die internationale Lage zu verschärfen und den weiteren Vormarsch des realen Sozialismus sowie aller antiimperialistischen, demokratischen Kräfte zu vereiteln. Die aggressiven Kräfte des Imperialismus bedienen sich dabei in wachsendem Maße auch der Mittel und Methoden des Terrors. Zunehmend sind Attentate, Entführungen bzw. Geiselnahmen, Sprengstoffanschläge, Erpressungen, Miß-

*handlungen und andere Gewaltakte bzw. deren An-
drohung Bestandteil subversiver Aktivitäten.*

*Die imperialistischen Geheimdienste und andere
feindliche Zentren unternehmen verstärkte Anstren-
gungen, terroristische Kräftepotentiale zu schaffen
und auszubauen und Gewaltakte unterschiedlichster
Kräfte für die Durchsetzung imperialistischer Interessen nutzbar zu machen. Diese gefährlichen Pläne, Ab-
sichten und Tendenzen im Vorgehen des Gegners finden ihren besonderen Ausdruck in den hinterhältigen
Bestrebungen feindlicher Organisationen, Gruppen
und Kräfte, verstärkt mit terroristisch geprägten sub-
versiven Aktivitäten gegen die DDR und andere sozialistische Staaten vorzugehen.«*

In der Präambel seiner Dienstanweisung fordert Mielke »vorbeugende politisch-operative Arbeit« gegen die
»imperialistischen Geheimdienste und andere feindliche
Zentren, Institutionen, Organisationen, Gruppen und Kräfte«. Dazu zählten auch »internationale terroristische
Organisationen, Gruppen und Kräfte«, die Terrorismus
und »andere operativ bedeutsame Gewaltakte« auf das
Territorium der DDR, nach Westberlin oder in andere
Staaten tragen könnten. »Terroristische Organisationen,
Gruppen und Kräfte« müßten – so heißt es dort – umfassend aufgeklärt werden, vor allem, was ihre »Verbindungen zu imperialistischen Geheimdiensten« betreffe.

Als am 1. März 1989 die bisherige Abteilung XXII
aufgelöst wurde, entstand die neue Hauptabteilung
XXII mit neun Unterabteilungen. Betroffen waren 543
hauptamtliche Stasileute, die Personenschützer einge-
schlossen, und 500 Inoffizielle Mitarbeiter (IM). Ihr
Hauptquartier befand sich in der Ferdinand-Schulze-
Straße in Berlin-Hohenschönhausen.

Wie waren nun ihre Aufgaben für den Hausgebrauch definiert? Oberst Franz: »Wir mußten das gesamte geheimdienstliche Instrumentarium nutzen, um den Terrorismus zu bekämpfen.« So entstand die sogenannte »Lullemasche«. Oberst Franz: »Das kommt von einlullen. Wir mußten mit einigen Leuten zumindest so weit bekannt sein, daß sie die DDR nicht in das Visier ihrer Anschläge nahmen.« Bruno Beater konzipierte die Methode »Scheinbündnis«, auch »durchgedachte operative Legende« genannt.

Der Terrorismus sollte mit aller Kraft vom sozialistischen Lager ferngehalten werden, während Anschläge gegen den Kapitalismus als den eigenen, sozialistischen Zielen unter Umständen sogar förderlich galten. So wurden die DDR-Oberen zu heimlichen Sympathisanten und Förderern des internationalen Terrorismus.

In einem Schreiben vom 10. Januar 1989 teilte Oberst Franz seinen Vorgesetzten Neiber und Mielke mit, wieviele Informelle Mitarbeiter (IM) bei diversen Terrororganisationen eingeschleust waren. Da hieß es: »Bei den Grauen Wölfen sitzen drei Agenten, bei Abu Nidal ebenfalls drei, bei Carlos fünf, bei den Revolutionären Zellen drei, bei der RAF vier, bei der Japanischen Roten Armee drei und bei der Action directe einer...«

Anfangs baute man sich gegenseitig mit dem Austausch ideologischer Phrasen auf, und niemand war in der Lage, sich vorzustellen, wie sehr der Umgang mit den gerissenen internationalen Terroristen den spießigen Ostbeamten entgleiten würde. Helmut Voigt, der persönlich den Kontakt zu den linken Gewalttätern hielt, übte in einem Gespräch mit SPIEGEL-TV Selbstkritik: »Die Ausbildung der Terroristen war ein

Fehler. Das mit Carlos war ein Fehler...« Und Voigts Bekenntnisse sind lediglich die Spitze des Eisbergs.

Carlos reiste insgesamt neunmal in die DDR ein, davon viermal zu der Zeit, als er noch mit dem Namen Illich Ramirez Sanchez unterzeichnete. Die Hauptabteilung VI der Stasi, zuständig für Paßkontrolle und Reiseverkehr, registrierte ihn erstmals am 9. Februar 1969. Damals fuhr er im Transit von Saßnitz nach Frankfurt/Oder und gab als Reiseziel die Sowjetunion an. Er war damals Student an der Patrice-Lumumba-Universität. Am 15. Juli reiste Illich auf derselben Strecke zurück, diesmal mit Ziel Dänemark. Am 13. August, zum Ende der Sommerferien, kam er über Warnemünde nach Frankfurt/Oder. Das Reiseziel: Sowjetunion. Noch einmal wurde er in jener frühen Phase notiert: Am 31. März 1970 kam er über Frankfurt/Oder zum Bahnhof Friedrichstraße und besuchte Westberlin.

Der gerade zwanzigjährige Carlos stellte keine Gefahr dar, und so kümmerte sich auch niemand um ihn. Ein reisender Student, der seine Mutter und seinen Bruder Wladimir in London besuchte oder nach Moskau an die Universität zurückkehrte. Als er dem bürgerlichen Leben den Rücken kehrte und zu den Palästinensern in den Nahen Osten flog, da wechselte er in Berlin-Schönefeld das Flugzeug. Das war im Sommer 1970.

Die Sensoren der Staatssicherheit reagierten erst wieder am 5. November 1976, als es zu einem bis heute nicht aufgeklärten Vorfall kam. Ein Mann mit französischem Dienstpaß und venezolanischem Geburtsort (Embrun) reiste über den Grenzkontrollpunkt Marienborn-Drewitz im Transitverkehr durch die DDR. Am selben Tag fahndete die bundesdeutsche

Polizei nach dem Auto des Mannes, Kennzeichen 4620 RL 54, weil der Verdacht bestand, der in Frankreich gesuchte Carlos könnte am Steuer sitzen. Diese Einzelheiten wurden der DDR-Aufklärung bekanntgegeben. Man nahm sie zur Kenntnis.

Die eigentliche DDR-Zeit des Topterroristen Carlos begann 1979, und mit ihr der sogenannte Operativvorgang »Separat« des Ministeriums für Staatssicherheit. Mit beinahe infantil-naivem Staunen notierten die Nachrichtendienst-Profis der Abteilung XXII, als ihnen der »hinlänglich bekannte und beim Gegner in FestnahmeFahndung stehende internationale Terrorist Carlos« erstmals bewußt auffiel.

Ein namenloser Chronist verzeichnete unter der Tagebuchnummer 515179 am 17. April 1979: »Auf Grund der eingeleiteten und durchgeführten politisch-operativen Maßnahmen wurde festgestellt, daß sich ›Carlos‹ weiterhin in der DDR-Hauptstadt im Hotel ›Stadt Berlin‹, Zi. 1522, aufhält. Er hat am 16. April 1979 im Hotel den Wunsch geäußert, weitere 14 Tage dort wohnen zu dürfen.«

Die wichtigsten Erkenntnisse in der Anlaufphase des Kontaktes mit dem weltweit gesuchten Venezolaner: »»Carlos‹ bewegt sich nach wie vor ohne erkennbares Sicherheitsverhalten. Von ihm werden Bars, Gaststätten, öffentliche Gebäude und DDR-Bürger besucht. Zu seinem Umgangskreis gehören hauptsächlich die bislang bekannten Personen. Durch operative Maßnahmen konnten aber erneut Kontakte zu Arabern und DDR-Bürgern festgestellt werden.«

Carlos traf sich wiederholt mit zwei Irakern, von denen einer an der Botschaft seines Landes in Ostberlin arbeitete, mit einem Mal aber seinen Diplomatenpaß zurückgab und sich als Journalist akkreditieren ließ.

Der eine Iraker war mit einer Lehrerin (Christine), der andere mit einer Friseuse (Uta) liiert. Und die Stasi war immer dabei. Aus diesen Kreisen kam wohl auch die Information, daß im Umfeld von Carlos über die Ermordung von Anwar el-Sadat, aber auch über den »bewaffneten Kampf« für die »Unabhängigkeit der Völker« gesprochen wurde. Bei der »Organisation internationaler Revolutionäre« beklagte man zudem, daß man eigentlich mehr Waffen und mehr Geld benötigte. Beides sei »schwer zu beschaffen«.

Etwas verwirrt reagierte der Observationstrupp, als er plötzlich feststellen mußte, daß Carlos zwei Untermieter in sein Hotelzimmer aufgenommen hatte, die – ein kleines Verbrechen in der Bürokratenidylle der alten DDR – »nicht zur Anmeldung gekommen sind«. Der eine Gast war mit einem Paß der Volksrepublik Jemen eingereist: Ali Bin Ali Thabet, geboren 1948 in Aden. Thabet wurde mit dem Namen »Steve« angesprochen und war Gast der jemenitischen Botschaft in Ostberlin. Der andere Gast war weiblich und tauchte vorläufig nur unter dem Decknamen »Lilly« auf.

Der Stasi blieb nicht verborgen, daß es sich bei diesen Personen um Deutsche handelte, logischerweise um Westdeutsche. Also verglich die Abteilung XXII die Observationsfotos mit den Konterfeis der steckbrieflich gesuchten West-Anarchisten. Das führte zu einer spektakulären Fehlinterpretation: Steve wurde als RAF- und »2. Juni«-Aktivist Rolf Heißler erkannt, Lilly als seine Komplizin Juliane Plambeck. In Wirklichkeit war Steve natürlich Johannes Weinrich, Lilly seine damalige Lebensgefährtin Magdalena Kopp. Sie sollte sich kurz darauf Carlos zuwenden.

Als wäre nicht alles schon verworren genug gewesen, verpaßte die Stasi ihrem Beobachtungsobjekt und späteren Verhandlungspartner Johannes Weinrich zu internen Zwecken den neuen Decknamen Heinrich Schneider. Aus Magdalena Kopp wurde Kriemhild Schneider. Mißtrauisch beobachteten Oberst Günter Jäckel und seine Leute, wie Waffen und Sprengstoff verschoben wurden, wie Carlos und sein harter Kern immer wieder Mitglieder der Revolutionären Zellen in den Osten kommen ließen. Jäckel im Rückblick: »Sogar die Klobrillen haben wir kontrolliert.«

Nachdem 1979 das luxuriöse Palasthotel an der zentralen Karl-Liebknecht-Straße eröffnet hatte, fanden die meisten Treffs in der dortigen gediegenen Geschäftsatmosphäre statt. Hier verbrachten Carlos und Lilly ihre erste gemeinsame Nacht, belauscht von den Mikrofonen der Stasi, die penibel Buch führte. Mit Mißfallen hielten die Geheimen fest, wie »der weiblichen Person Lilly« bei anderer Gelegenheit im Hotelzimmer »eine Waffe und deren Handhabung erläutert wurde«. Eine ungeheuerliche Gesetzesübertretung nach dem Selbstverständnis der DDR-Organe.

Bis zum Ende des Monats April 1979 diskutierte Carlos mit seinem Umfeld immer wieder über »eine weitere Basis zur Durchführung von Operationen« (so die Auswertung eines Stasi-Abhörprotokolls). Die Wahl fiel auf Syrien. Um den dortigen Stützpunkt einzurichten, flog Carlos alias Fawaz Ahmed Adil – geboren 1949 in Aden, Diplomatenpaß Nummer 001278 des Südjemen – nach Damaskus. Am 16. Mai 1979 kehrte er morgens um drei Uhr mit Interflug Nummer 825 zurück.

Er übernachtete in der Privatwohnung eines DDR-Bürgers, des Schauspielers Klaus, traf am nächsten Tag den irakischen Journalisten und holte mit ihm zusammen einen aus London kommenden Araber vom

Flughafen ab. Carlos und der Mann aus London verließen am nächsten Nachmittag Ostberlin in Richtung Prag. Es gab wieder Treffen mit verschiedenen Arabern, darunter auch Diplomaten aus Bagdad und Damaskus. Carlos und sein Begleiter reisten weiter nach Budapest. Dort wurden sie bereits von Steve alias Johannes Weinrich erwartet. Zahlreiche andere Helfershelfer mit deutschen Decknamen wie Elsa oder Lothar trafen zu einer Besprechung ein, auch Lilly, die nun ebenfalls einen arabischen Reisenamen bekommen hatte: Mariam Abdul Qawi Ahmed.

Angesichts dieser emsigen Aktivitäten wachte die Stasi auf und erkannte, was sich vor ihren Augen abspielte: »Im Ergebnis der operativen Bearbeitung ist eine weitere Intensivierung der Aktivitäten der ›Carlos‹-Gruppierung zur Nutzung des Territoriums der DDR als logistischer Stützpunkt und Ausgangsbasis für Aktionen gegen verschiedene westeuropäische Länder zu verzeichnen. Bestätigung findet diese Feststellung in einer deutlichen Zunahme der Reisetätigkeit des ›Carlos‹ und der führenden Mitglieder der Gruppierung und im Auftreten weiterer vordem nicht in Erscheinung getretener Personen verschiedener Nationalität sowie neu erkannter DDR-Bürger im Zusammenwirken mit der ›Carlos‹-Gruppierung.« Auch bevorstehende Operationen gegen die Bundesrepublik und Westberlin könnten nicht mehr ausgeschlossen werden.

Carlos wurde immer dreister. Günter Jäckel erinnert sich, wie er, Carlos, 1979 einmal mit einer Linienmaschine aus Prag in Berlin-Schönefeld ankam und sich weigerte, seine Pistole abzugeben. Er wurde gezwungen, mit der nächsten Maschine wieder an die Moldau zurückzukehren. In der folgenden Nacht versuchte er es auf dem Landweg. Im D-Zug Prag-Berlin saß der agile Venezolaner und konnte sich erneut nicht von seiner Pistole trennen. Nun bildete die Stasi einen Spezialtrupp »Militante Beobachter«. Das Carlos-Unwesen wurde allmählich zur Plage. Jäckel zeigt sich heute noch empört: »Die fuhren einfach bei Rot über die Ampel, verursachten Verkehrsunfälle oder schossen auch mal mit besoffenem Kopf in die Hotelzimmerdecke.«

Ab 1980 kamen die Gruppenmitglieder nur noch mit Diplomatenpässen der Syrer und Jemeniten. Der Vorteil: Sie brauchten kein Visum und konnten deshalb ohne Anmeldung einreisen. Der Leiter Auswertung der Stasi-Abteilung XXII in einem Sachstandsbericht zum Operationsvorgang »Separat«: »Während in der ersten Zeit ihrer DDR-Aufenthalte auf Grund bestehender Intimkontakte zu DDR-Bürgerinnen deren Wohnungen auch zu Aufenthalten genutzt wurden, ist seit 1982 ein fast ausschließliches Wohnen in Hotels feststellbar. In den Hotels ... verhalten sie sich offen, teilweise wenig auf Sicherheit bedacht.«

Das elegante Palasthotel in Ostberlin diente von 1981 bis 1984 als Informationszentrale der Terrororganisation. Ankommende Telexe wurden bei Abwesenheit der Gruppenmitglieder sofort in ein anderes Land weitergeleitet, zum Beispiel nach Ungarn. Die Angestellten des Hotels waren stets sehr bemüht, alle Nachrichten zu übermitteln. Johannes Weinrich hatte auf Dauer ein Schließfach gemietet. Er lagerte Geld, Waffen und Papiere, die einzelne Mitglieder auf ein Codewort hin benutzen oder abholen konnten. Dafür geizte Weinrich nicht mit Trinkgeldern für das Personal.

Das Palasthotel zog aber auch andere Terroristen an. Durchschnittlich fünfmal im Jahr kam Abu Daud, ein Veteran des »Schwarzen September« und Mittäter des Münchner Olympia-Anschlags. Er wohnte meistens in Suite 8078. Abu Daud war der Stasi überaus behilflich, wenn es darum ging, Licht in undurchsichtige Verbindungen zu bringen. Dafür bekam er den IM-Decknamen »Pat«. Dieser lebhafte Arbeitskontakt erlaubte ihm ähnlich ausschweifende Freiheiten wie Carlos und seinen Leuten.

Manchmal kam es im Palasthotel sogar zu Zwischenfällen, die nicht einmal von den nachrichtendienstlich begabten Rezeptionisten so einfach verkraftet werden konnten. Da reiste zum Beispiel Carlos-Vize Abul Hakam aus Warschau an. Er trug sich mit seinem syrischen Diplomatenpaß, Nummer 3775/92, unter dem Namen Nadim Saiegh ein. Das akribisch arbeitende Hotelpersonal verglich die Daten und stellte fest, daß der Araber beim letzten Mal noch Ahmed Saleh Obadi (Paßnummer 002775) geheißen und für den diplomatischen Dienst des Südjemen gearbeitet hatte. Die Nobelherberge fragte beim nahegelegenen Außenministerium der DDR an und dieses wiederum bei der syrischen Vertretung. Bevor der Skandal nicht mehr zu kontrollieren war, reiste der unheimliche Gast ganz schnell nach Budapest weiter.

Als immer mehr und immer unzuverlässigere Töchter des Landes Zugang zu den Terroristenkreisen fanden, reagierte die Stasi säuerlich: »Überprüfungen ergaben, daß sich darunter Personen mit negativer bis feindlicher Grundeinstellung sowie rechtswidrige Antragsteller auf Übersiedlung befanden. Gründe für die Aufnahme von Intimbeziehungen seitens der DDR-Personen waren vorrangig im materiellen Bereich zu sehen. Als Legende gaben beispielsweise ›H. Schneider‹ und Abul Hakam vor, Geschäftsleute aus dem arabischen Raum zu sein, die sich mit Ölhandel befassen. Durch mehrere DDR-Kontaktpartner wurden jedoch Zweifel an dieser Identität geäußert.« Ein noch nicht ganz aufgearbeitetes Kapitel ostdeutscher Ausländerfreundlichkeit.

Angesichts vieler einschlägiger Erfahrungen mit dem internationalen Söldnertrupp, erfolgten ähnliche Reaktionen wie beispielsweise bei den Kollegen in Prag und Budapest. Die DDR-Entscheidungsträger wurden den bösen Geist nicht mehr los, den sie leichtfertig hereingelassen hatten, wollten aber auch nicht direkt etwas gegen ihn unternehmen. Allmählich änderte sich die Diktion der Stasi-Berichte. Carlos war anfangs ein »aufgeschlossener Mensch«, »gesprächig« und »kontaktfeudig«, der »sich für das Gitarrespiel begeistere« und über eine »solide marxistische Bildung und einen klaren Standpunkt« verfüge.

Nachdem man sich richtig kennengelernt hatte, bezeichnete ihn die Abteilung XXII plötzlich als »überheblich« und »unberechenbar«. Er sei, so hieß es, ein »gewisser Unsicherheitsfaktor« mit »unwissenschaftlichen, teilweise verworrenen« Ansichten. Allerdings konnten sich diese Einschätzungen nicht durchsetzen. Stasi-Minister Mielke bestätigte eine Vorlage vom 26. Juni 1980, in der festgeschrieben wurde, daß die Carlos-Gruppe bei der »kurzzeitigen Aufbewahrung sowie (dem) Transport von Waffen, die zur Ausrüstung von Kämpfern im Operationsgebiet vorgesehen sind«, zu unterstützen sei. Mit der Vokabel »Operationsgebiet« war stets der Westen gemeint.

Die Schutzengel von der Stasi gingen durch Wechselbäder. Auf der einen Seite wurde die Unterstützung für Carlos im damaligen Verständnis des Ministeriums für Staatssicherheit unter der großen Überschrift »antiimperialistischer Befreiungskampf« eingeordnet. Positiv erkannte man die Bereitschaft der Gruppe an, im Auftrag bzw. im Interesse der sozialistischen Staaten Aktionen gegen »imperialistische Ziele und gegen Personen, die als Geheimagenten entlarvt sind«, durchzuführen. Auf der anderen Seite kriselte es zunehmend, als der Carlos-Truppe immer deutlicher wurde, welche Macht sie über den kleinbürgerlichen Arbeiter- und Bauernstaat hatte. Ein Stasi-Papier von 1984 beklagt die Situation:

»Nach zunächst positiven Ergebnissen, die umfassende Informationen über Zusammenhänge im Bereich des internationalen Terrorismus beinhalteten, nahm mit fortschreitender Kontaktdauer die Bereitschaft, Informationen zu übergeben, immer mehr ab.

Die Gruppe zeigte in immer geringerem Maße Bereitschaft, Rücksicht auf politische Zusammenhänge zu nehmen und stellte unreale Hilfeersuchen. So z.B. nach Bereitstellung von Waffen, Sprengmitteln und Reisedokumenten, Hilfe bei Waffentransporten über das Territorium der DDR, Bereitstellung von Wohnungen in oder am Rande der DDR-Hauptstadt und damit unkontrolliertes Aufhalten, Genehmigung von Rückzugsmöglichkeiten für Mitglieder, Verbindungspersonen auf bzw. über das Territorium der DDR bei Repressivmaßnahmen des Gegners.«

Nun versuchten die Kontaktleute aus der XXII/8, auf die CarlosGruppe erzieherisch einzuwirken. Die Stasi-Strategen stellten sich gegenüber den weitreichenden Forderungen taub und versuchten, die Terroristen zu disziplinieren. Diese reagierten beleidigt und beschuldigten das MfS, ihre »Arbeit behindern zu wollen«. Das MfS, so Carlos und Weinrich, beeinflusse die Partnerdienste in den anderen sozialistischen Ländern zum Nachteil ihrer Organisation. Sie sollten gezwungen werden, sich der DDR-Staatssicherheit unterzuordnen und für sie zu arbeiten. Und genau das seien sie nicht bereit zu tun.

Zu konspirativen Treffen mit Johannes Weinrich kam auch Abul Hakam, obwohl dieser »in den operativen Kontakt zur DDR nicht einbezogen werden sollte«. Der leicht reizbare Abul Hakam provozierte die Stasi-Partner mit der Äußerung, es sei »vielleicht notwendig, eine Aktion in der DDR durchzuführen, um zu einem besseren Verhältnis mit dem MfS zu kommen«. Weinrich informierte entgegen der Absprache RZ-Mitglieder wie Gerd Albartus, Deckname Kay, und die syrische Botschaft in Ostberlin über seine Stasi-Kontakte.

Ein Stasi-Chronist des Jahres 1984 notiert resigniert: »Alle durchgeführten operativen Maßnahmen zur weiteren Einflußnahme und Disziplinierung der Gruppe verliefen erfolglos. Sicherheitsinteressen unsererseits blieben dabei ebenso unbeachtet wie ihre eigene Sicherheit.« Die brüchige Allianz lebte unter anderem deshalb weiter, weil man die Beziehungen zu den Carlos-Unterstützern in Damaskus, Bagdad und Aden nicht über Gebühr belasten wollte.

Aus den Stasi-Akten geht hervor, daß sich Carlos ein letztes Mal vom 24. Juli bis zum 1. August 1980 in Ostberlin aufhielt. Zu jener Zeit benutzte er einen syrischen Diplomatenpaß mit der Nummer 2516/80, ausgestellt auf den Namen Michel Khouri. Er reiste von Aden kommend über Moskau in die DDR und führte relativ ungewöhnliches Reisegepäck mit sich – eine an die syrische Botschaft in Ostberlin adressierte Metallkiste mit Maschinenpistolen und Panzerbüchsen. Weinrich folgte ihm Tage später mit einem jemenitischen Paß, ausgestellt auf den Namen Mohamed Husaien. Er trug einen Hartschalenkoffer bei sich, in dem sich weitere Waffen befanden. Die Stasi listete den Inhalt des Gepäcks der beiden wie folgt auf: 10 Phosphorhandgranaten, 5 Maschinenpistolen »Beretta«, 12 Pistolen »Browning« 9 mm, 50 Sprengzünder, 100 Sprengkapseln, 4 Panzerfäuste RPG-75.

Die Waffen waren für die baskische Terrororganisation ETA bestimmt. Sie wurden also zuerst vom DDR-Zoll beschlagnahmt und dann von einem hauptamtlichen Mitarbeiter der XXII/8, Wilhelm Borostowski, in das Dienstzimmer von Oberst Horst Franz in der Ferdinand-Schulze-Straße, Berlin-Hohenschönhausen, gebracht. Dort fotografierte man sie. Nun kam Weinrich und erläuterte die Bestimmung der Waffen. Abteilungsleiter Harry Dahl berichtete seinem Vorgesetzten, Vizeminister Gerhard Neiber, über den Disput mit der Carlos-Bande. Neiber entschied daraufhin, daß die Waffen zurückzugeben seien, um den Kontakt zur Gruppe nicht unnötig zu belasten. Borostowski führte die Anweisung aus.

Im Oktober 1980 reisten die ETA-Aktivisten Patrick Chabrol und Edith Keresbars in einem Toyota-Kleinbus mit dem französischen Kennzeichen 2382 SH 29 nach Ostberlin. In einer Garage der Volkspolizei an der Holzmarktstraße/Jannowitzbrücke in Berlin-Mitte wurden die auf Anweisung von Major Helmut Voigt in Hartschalenkoffern verpackten Waffen nachts an Weinrich und die ETA-Terroristen übergeben. Die beiden Basken verstauten die heiße Ware in einem Hohlraum des Toyota-Transporters und verließen die DDR über Marienborn, ohne kontrolliert zu werden.

Weinrich bedankte sich bei Voigt mit einem Koffer voller »Westschnaps« und Zigaretten. Die XXII behielt außerdem fünf belgische Automatik-Parabellum 9 mm mit ausgeschliffenen Seriennummern. Die ETA-Kuriere sollten noch mehrere Male kommen.

Das Jahr 1982 stand unter einem ungünstigen Stern für die Carlos-Truppe. Der Chef schickte Lilly, seine Lieblingsfrau, zusammen mit dem Schweizer Bruno Breguet, Deckname »Luka«, zu einem Einsatz nach Paris. Breguet stammte aus der Züricher Anarchisten-szene. Die PFLP hatte ihn schon einmal in der West-bank eingesetzt, damit er dort als unverdächtiger Europäer eine Bombe legte. Breguet war von den Israelis gefaßt und 1970 zu fünfzehn Jahren Haft verurteilt worden. Er hatte die Hälfte abgesessen und sich dann des Gelobten Landes verweisen lassen.

Nun saß er am 16. Februar 1982 mit Magdalena Kopp in einem alten Peugeot mit erstaunlich neuen Nummernschildern in einer Tiefgarage in der Avenue George V. Ein Parkwächter wollte den Parkschein kontrollieren. Breguet zog eine Pistole und versuchte zu schießen, doch die Waffe versagte. Das Pärchen flüchtete aus der Garage und wurde sofort von der Polizei, die das Terror-Duo bereits beobachtet hatte, verfolgt. Die wilde Jagd endete in der Nähe der Rue Marbeuf. Im Kofferraum befanden sich fünf Kilogramm Sprengstoff der Marke »Penthrit«, Gasflaschen, Tränengasgranaten und ein Pariser Stadtplan.

Die französischen Terrorbekämpfer gehen davon aus, daß Lilly und Luka im Auftrag der Syrer die pro-irakische Zeitschrift »Al Watan al Arabi« in der Rue Marbeuf angreifen und möglicherweise ihren Herausgeber Walid Abu Zahr ermorden sollten. Das Blatt druckte zu der Zeit Artikel, die sich besonders kritisch

124

mit dem Regime in Damaskus auseinandersetzten. Außerdem war das Carlos-Interview von 1979 in dem Blatt erschienen.

Carlos war außer sich, als er von der Festnahme hörte. Mit Datum vom 25. Februar verfaßte er einen Brief an Frankreichs Innenminister Gaston Deferre. Das Schreiben ging am 3. März bei der französischen Botschaft in Den Haag ein und trug neben der Unterschrift den Abdruck von Carlos' rechtem und linkem Daumen.

In dem von Hand in Französisch geschriebenen Brief hieß es: »Zwei Kämpfer unserer Organisation sind in Paris festgenommen worden. Wir akzeptieren nicht, daß unsere Kameraden im Gefängnis bleiben.« Wenn die beiden nicht innerhalb von dreißig Tagen wieder auf freiem Fuß seien, dann müsse Frankreich mit »brutalen Maßnahmen« rechnen.

Und weiter war zu lesen: »Sie haben zwei meiner Leute festgenommen, obwohl diese keine besondere Anweisung hatten, ein Attentat auf französischem Gebiet zu verüben, denn wir haben der sozialistischen Regierung Frankreichs nichts vorzuwerfen...Wir hoffen, daß diese Affäre bald beendet sein wird, und zwar auf friedliche Weise. Für die Organisation des bewaffneten arabischen Kampfes – Arm der arabischen Revolution. Carlos.«

Die von Carlos gesetzte Frist lief am 28. März 1982 ab. Bereits am 15. März ging eine Bombe im französischen Kulturzentrum in Beirut hoch. Sie wird Carlos zugerechnet. Nach Ablauf des Ultimatums warteten die französischen Sicherheitsbehörden gespannt, ob die Terroristen wieder angreifen würden, ob die Drohung überhaupt ernstzunehmen war. Am 29. März schlug Carlos im Hochgeschwindigkeitszug TGV

»Capitole« zu. Bei Limoges, auf der Strecke zwischen Paris und Toulon, explodierte eine Bombe. Fünf Menschen starben und 27 wurden zum Teil schwer verletzt. Der Sprengsatz befand sich im zweiten Wagen, wo ein Abteil für den Pariser Bürgermeister und Gaullistenführer Jacques Chirac zur Fahrt in seine Heimatgemeinde bei Toulon ständig reserviert war. Er selbst saß an diesem Tag nicht im Zug.

Am 15. April wurden der französische Diplomat Cavallo und seine Verlobte in Beirut ermordet. Am 19. April folgten Anschläge auf die französische Botschaft und das Büro der »Air France« in Wien. In diesen beiden Fällen entstand nur Sachschaden. Ein Stasi-Auswerter: »Mit hoher Wahrscheinlichkeit ist die Gruppe auch für den Überfall auf einen österreichischen Polizisten vor dem Büro des französischen Militärattachés in Wien ..., die Deponierung von 47 Sprengladungen und 40 Zeitzündern auf dem Pariser Gare de Lyon, mehrere Bombendrohungen gegen französische Einrichtungen ... verantwortlich.«

Die französischen Behörden ließen sich nicht beirren und stellten das Duo Kopp/Breguet vor Gericht. Am 22. April, dem letzten Tag des Prozesses, detonierte eine Bombe in der Rue Marbeuf, wo Kopp und Breguet festgenommen worden waren. Sie hatte sich in einem Opel Kadett mit österreichischem Kennzeichen befunden. Eine Frau starb und 63 Menschen wurden verletzt. Läden und Wohnungen waren zertrümmert, überall brannte es. Ein Tatort, wie man ihn aus den Fernsehbildern von Beirut kannte. Verteidiger Jacques Verges appellierte an das Gericht: »Ganz gleich, wie Sie urteilen, die Angeklagten werden das Gefängnis in drei Stunden, in 48 Stunden oder in drei Monaten verlassen, denn ihre Freunde lassen die Hände nicht sinken.«

Magdalena Kopp wurde zu vier, Bruno Breguet zu fünf Jahren Gefängnis verurteilt. Der Privatkrieg des Terroristen Carlos gegen den Staat Frankreich hatte begonnen. Mißmutig stellte später die Stasi fest, Carlos habe zugunsten der Freipressung seiner Geliebten auf »antiimperialistische Aktivitäten« verzichtet. Sein Brief an Innenminister Deferre wurde in Ostberlin als blanke »Selbstüberschätzung« definiert. Am 24. Mai 1982 explodierte die nächste Bombe. Ziel war die französische Botschaft in Beirut.

Schon liefen weitere, neue Operationen an. Am 31. Mai traf Johannes Weinrich alias Heinrich Schneider mit einem syrischen Diplomatenpaß auf den Namen Joseph Leon in Berlin-Schönefeld ein. Er kam aus Bukarest und trug eine schwere braune Ledertasche durch den Zoll. Weinrich wurde gegen seinen Willen kontrolliert. Dabei stellte der Beamte eine »sprengstoffverdächtige Substanz« fest. Er hatte den richtigen Instinkt. Das Material wurde später als 24,38 Kilogramm des Plastiksprengstoff »Nitropenta« identifiziert.

Da Weinrich im Computer als Kontaktmann der Stasi-Abteilung XXII erfaßt war, wurde sofort die Behörde in Hohenschönhausen informiert. »Separat«-Sachbearbeiter Wilhelm Borostowski mußte wieder einmal nach Schönefeld fahren. Er ordnete an, daß Weinrich einreisen durfte. Der Sprengstoff blieb jedoch in den Händen der Stasi.

Johannes Weinrich wohnte bis zum 10. Juni im Interhotel »Metropol« und reiste dann nach Bukarest zurück. Seine 24 Kilogramm »Nitropenta« wurden, entgegen den Vorschriften, nicht vernichtet, sondern in der Waffenkammer der Abteilung XXII unregistriert eingelagert. Dieser Raum befand sich direkt unter den Büros der XXII/8. Helmut Voigt hielt es allerdings für

»sicherheitsmäßig bedenklich«, »Sprengstoff in dem in Leichtbauweise errichteten Gebäude aufzubewahren«. In seinen unveröffentlichten Memoiren erinnert er sich: »Wir machten daher sogar manchmal Witze, weil genau über ... dem Sprengstoff sich das Dienstzimmer des Leiters der Abteilung befand, er, wie wir es ausdrückten, auf einem Schleudersitz saß.«

Diese Kungelei mit Weinrich würde nach der heutigen Gesetzeslage – und in den meisten Staaten der Erde – als Unterstützung einer terroristischen Vereinigung gewertet. Jeder andere hätte nach DDR-Strafrecht für den Sprengstofftransport mit mindestens zwei Jahren Freiheitsstrafe zu rechnen gehabt. Dem Unrechtsstaat DDR lag aber weiterhin an der Zusammenarbeit mit den Carlos-Terroristen. Es kam zu immer neuen Treffen. Weinrich, Voigt und andere benutzten dafür ein konspiratives MfS-Objekt in Neubrück/Klein Köris.

Weinrich forderte immer wieder die Rückgabe seiner Tasche mit dem Sprengstoff und versicherte, die gefährliche Ware sei für »Befreiungsbewegungen« bestimmt. Ein andermal verwies er auf seinen »diplomatischen Status« und erklärte, er habe den Sprengstoff für die syrische Botschaft transportiert. In der Abteilung XXII quittierte man dies mit einem Lächeln. Weinrich war für die Stasi kein Diplomat, sondern ein Terrorist. Man wußte schließlich, daß die Carlos-Gruppe zumindest seit der Festnahme von Kopp und Breguet zu allem entschlossen war. Wilhelm Borostowski bekam von Voigt einige Zeit darauf den Auftrag, Weinrichs Gepäck zu durchsuchen. In einer Fülle von Aufzeichnungen fanden sich konkrete Anschlagsplanungen für Objekte in Frankreich und Italien.

Es stellte sich auch heraus, daß die RZ-Leute Gerd Albartus, Deckname »Kay«, und Wilhelmine Götting, Decknamen »Linda« und »Tina«, ein Haus am Westberliner Kurfürstendamm aufgeklärt hatten, in dem sich das französische Generalkonsulat und das Kulturzentrum der Franzosen befanden – das »Maison de France«. Auch die Villa eines Generals in der französischen Militärsiedlung »Cité Foch« in Wittenau wurde als Anschlagsziel erkannt.

In Carlos' Privatfeldzug gegen die Franzosen kam als nächstes die RZ-Aktivistin Christa Margot Fröhlich, Deckname »Heidi«, zum Einsatz. Am 21. Juni 1982 flog die neununddreißigjährige Ex-Freundin von Wilfried Böse mit der rumänischen Gesellschaft Tarom von Bukarest nach Rom. Um 10.30 Uhr landete sie auf dem Flughafen Fiumicino. Bei einer Gepäckkontrolle fand die italienische Polizei im doppelten Boden ihres Koffers fünf Kilo Plastiksprengstoff C 4, Zündschnüre und zwei elektrische Zünder. Christa Fröhlich besaß außerdem zwei falsche Pässe, einen deutschen auf den Namen Beatrice Odehnal und einen österreichischen auf Marie Zimmermann.

In ihrem Notizbuch fanden sich die Fahrzeiten des Zuges »Palatino« für die Strecke Rom-Paris. Man geht davon aus, daß ein weiterer Anschlag auf die französische Staatsbahn geplant war und gerade noch verhindert werden konnte. Genaue Details wurden in Rom nicht bekannt. Margot Fröhlich war eine vornehm wirkende, große, blonde Frau, die sich selbst als politische Gefangene bezeichnete und diese Rolle in der Haft konsequent auslebte.

Die Ergebnisse mühsamer Ermittlungen lassen den Weg der Fröhlich bis kurze Zeit vor ihrer Festnahme in Rom transparent werden, ein absolutes Musterbeispiel für die Arbeit der Carlos-Gruppe in jener Zeit. Am 10. April 1982 ist Beatrice Odehnal in Belgrad. Am 12. April überschreitet sie die jugoslawische Grenze und reist nach Triest. Dort verliert sich vorläufig ihre Spur. Am 17. April reist Marie Zimmermann in der S-Bahn von Ost- nach Westberlin. Danach, im Besitz neuer Papiere, verschwindet sie wieder. Am 18. April kommt sie in Zagreb an. Am folgenden Tag mietet eine Schweizer Bürgerin, Margit Staedelman, bei Hertz am Flughafen Ljubljana-Bernik einen orangefarbenen Opel Kadett.

Am 20. April fährt sie damit über die Grenze nach Italien. Am Abend desselben Tages bemerkt ein Zeuge eine hübsche blonde Frau am Steuer eines orangefarbenen Kadetts, die sich auf einem Autobahn-Rastplatz ausruht. Am 21. April um 0.45 Uhr parkt der orangefarbene Kadett vor dem Gebäude Rue Marbeuf 33 in Paris, genau gegenüber des Büros der kritischen Wochenzeitung »Al Watan al Arabi«. Jetzt fährt nicht mehr Margot Fröhlich den Wagen, sondern ein dreißig- bis fünfunddreißigjähriger Mann mit halb ergrautem Haar, ausgezehrtem Gesicht und einem dünnen Schnurrbart. Einige Stunden später werden bei der Explosion des Kadetts eine junge Frau getötet und 63 Personen verletzt.

Bei der Gerichtsverhandlung in Rom blieb Margot Fröhlich weitgehend stumm und verfolgte das Geschehen mit ausdrucksloser Miene. Der Richter befragte sie nach ihrer wahren Identität: Fröhlich? Zimmermann? Staedelman? Odehnal? Die Frau antwortete darauf: »Welche Sie wollen.« Sie wurde zu sechs Jahren und vier Monaten Gefängnis verurteilt. Ein Versuch des französischen Richters Corneloup, sie in Sachen Rue Marbeuf zu befragen, endete ergebnislos.

Die jugoslawischen Behörden versagten den westlichen Ermittlern die Zusammenarbeit. Margot Fröhlich blieb also von einer Anklage wegen des Anschlags in der Rue Marbeuf verschont. Sie lebt heute in Niedersachsen.

Ein Jahr ohne spektakuläre Anschläge diente den Anwälten von Kopp und Breguet zu Verhandlungen mit den französischen Behörden. Um jeden Preis sollten die Advokaten die Freilassung der beiden Terroristen erreichen. Die Franzosen ließen keinen Zweifel daran, daß sie nicht einlenken würden. Die Gesprächsphase endete im Sommer 1983.

Monatelang versuchte Johannes Weinrich, seine Reisetasche mit dem Sprengstoff zurückzubekommen. Seine Gesprächspartner bei der Abteilung XXII wollten ihm die Sache erleichtern, indem sie um genaue Angaben über die weitere Verwendung des explosiven Materials baten. Die Antwort blieb aus. Gleichzeitig notierte Wilhelm Borostowski in einer Operativinformation vom 4. Mai 1983 die Ergebnisse der Durchsuchung des Weinrich-Gepäcks: »Aus operativ gesicherten schriftlichen Unterlagen von Heinrich ›Schneider‹ wurden Hinweise über die Aufklärung des französischen Generalkonsulats in Westberlin bekannt, das vermutlich von der ›Separat‹-Gruppierung für einen terroristischen Anschlag ausgewählt worden ist... Entsprechend den Aufzeichnungen wird ein Konsulat in Westberlin, Ecke Kurfürstendamm-Uhlandstraße, erwähnt und als ›Maison de France‹ (Haus Frankreich) bezeichnet.«

Die Stasi wußte also genau, was bevorstand. Und sie wußte auch, daß Weinrich für diese Planung den Sprengstoff benötigte. Am 11. August 1983 trafen sich Weinrich und Voigt. Der Ex-Oberstleutnant gibt den

Inhalt des Gespräches folgendermaßen wieder: »Schneider bot ... an, die Sache aus der Welt zu schaffen, indem der Sprengstoff weder auf dem Territorium der DDR gelagert, noch an eine Befreiungsbewegung, sondern an die syrische Botschaft in der DDR, speziell an den 3. Sekretär Nabil Shritah, übergeben wird... Kurze Zeit später wurde dann der Sprengstoff durch den verantwortlichen Vorgangssachbearbeiter zur Aufbewahrung in der syrischen Botschaft in der DDR übergeben.«

Wegen dieses Vorgangs stand Helmut Voigt im Frühjahr 1994 vor Gericht. In der Anklageschrift gegen den ehemaligen Stasi-Offizier heißt es, Voigt habe aufgrund der internen Informationslage gewußt, daß Anschläge »im Westen« geplant gewesen seien. Er habe aus diesem Grund dem Drängen Weinrichs auf Rückgabe der Tasche nachgegeben und seinem Kollegen »Borostowski den Befehl zur Aushändigung« erteilt. Zitat aus der Anklageschrift der Staatsanwaltschaft am Berliner Kammergericht: »Zur Wahrung der ›Sicherheitsinteressen‹ der DDR sollte Borostowski bei der Rückgabe Weinrich nochmal ausdrücklich untersagen, den Sprengstoff bei einem Anschlag zu verwenden, der Rückschlüsse auf einen vorhergehenden oder sich anschließenden DDR-Aufenthalt der Täter zulassen könnte.«

Derselbe Sachverhalt im Manuskript der Erinnerungen von Helmut Voigt: »Als ich erfuhr, daß nach der Übergabe der syrische Botschaftsmitarbeiter Nabil Shritah die Tasche mit dem Sprengstoff in die syrische Botschaft gebracht hatte, war ich eigentlich sehr froh, daß ich und das MfS nun nichts mehr mit der leidigen Sache zu tun hatten ... Da ich selbst den Sprengstoff weder in die DDR geholt, zu keinem Zeitpunkt die

Verfügungsgewalt über ihn besessen und ihn auch nicht an H. Schneider oder jemand anderen ausgehändigt hatte, sah ich auch keine Veranlassung für mich, die Angelegenheit unter dem Gesichtspunkt persönlicher Verantwortlichkeit zu betrachten.« Diese Haltung sollte sich ein Jahrzehnt später als Trugschluß erweisen.

Am 16. August 1983 holte Borostowski die Tasche mit dem Sprengstoff aus der Waffenkammer und übergab sie im Stadtzentrum von Ostberlin an Johannes Weinrich. Dieser traf seinen Freund Nabil Shritah, bei dem er schon früher Waffen und Sprengmittel deponiert hatte. Die Operation »Maison de France« lief an, als Weinrich Mustafa Ahmad el-Sibai, einen dreißigjährigen Libanesen aus einem südlichen Vorort von Beirut, bei der damaligen Carlos-Zentrale in Budapest anforderte. Der ungarische Staatssicherheitsdienst bemerkte, daß etwas in der Luft lag und warnte die Stasi vor dem »Kamikaze-Kandidaten« der Carlos-Bande.

El-Sibai traf am 20. August um 6.15 Uhr mit Interflug 829 aus Damaskus kommend in Ostberlin ein. Der Attentäter bezog Zimmer 1108 im Interhotel Metropol. Neben ihm wohnte Weinrich alias Joseph Leon. Im Palasthotel wartete bereits Abul Hakam. Am Nachmittag des 23. August fuhr Weinrich zur syrischen Botschaft und ließ sich vom 3. Sekretär den Sprengstoff aushändigen. Der Deutsche sah es zu Recht als riskant an, den Sprengstoff persönlich nach Westberlin zu bringen. Schließlich wurde nach ihm gefahndet. Also übernahm Abul Hakam, der mit syrischen und jemenitischen Diplomatenpässen ausgerüstet war, diese Aufgabe. Am 25. August sollte er Ahmed Saleh Obadi heißen und mit dem jemenitischen Paß Nummer 002775 die Grenze in den Westen passieren.

Abul Hakam gab das Sprengstoff-Paket an Mustafa el-Sibai weiter. Dieser traf in dem Mercedes 280 SEL von Nabil Shritah, Zollkennzeichen 893 Z 2952, beim Zielobjekt Kurfürstendamm 211 ein. Der viergeschossige Eckbau beherbergte im dritten Stockwerk das französische Generalkonsulat, Kultureinrichtungen und weitere Büros. Die vierte Etage wurde gerade renoviert und stand deshalb leer. Der Libanese begab sich in den dritten Stock des Nachbarhauses und wechselte von dort in das »Maison de France«. Die in braunes Packpapier gewickelte Bombe fest an sich gepreßt, ging er eine Etage höher. El-Sibai legte die Bombe in einem Nebenraum ab und aktivierte den Zünder. Rasch verließ er das Gebäude und mischte sich unter das mittägliche Gedränge auf dem Kurfürstendamm.

Um 11.20 Uhr explodierte die Bombe. Das Dach des Hauses wurde aufgerissen, der vierte Stock völlig verwüstet. In der dritten Etage wartete zu diesem Zeitpunkt eine Gruppe der pazifistischen Organisation »Fasten für das Leben«, um vom französischen Generalkonsul empfangen zu werden. Die Friedensbewegten wollten einen Appell gegen französische Atomversuche im Südpazifik überreichen. Unter den friedvollen Demonstranten befand sich auch der sechsundzwanzigjährige Maler Michael Haritz, der sich erst an diesem Vormittag der Gruppe angeschlossen hatte. Nach der Explosion stürzte die Zwischendecke in die dritte Etage und verschüttete die Besuchergruppe. Michael Haritz erstickte unter dem Schutt. 22 weitere Personen wurden verletzt. Der Sachschaden am Gebäude betrug rund 2,5 Millionen Mark.

Die beiden arabischen Täter kehrten um 11.45 Uhr über den Bahnhof Friedrichstraße in den Osten der Stadt zurück. Abul Hakam flog noch am selben Tag mit Malev 809 nach Budapest. Sein Komplize Mustafa el-Sibai verließ Berlin am folgenden Tag mit Interflug 828 in Richtung Damaskus. Johannes Weinrich alias Joseph Leon alias Steve blieb eine weitere Nacht und begab sich am 27. August nach Belgrad.

In einem 27 Seiten langen, handschriftlichen Brief an »Michel« (Carlos) berichtete Weinrich in englischer Sprache über die »Operation Berlin«:

»In bezug auf Helmut ist klar, daß wir sie hereinlegen konnten, hauptsächlich aufgrund der solidarischen Hilfe, die uns Nabil gegeben hat. Übrigens: Er weiß über die Operation Bescheid. Aber, wie er mir erzählte und nahelegte, keinesfalls ›offiziell‹. Er half mir bei der Aufbewahrung von Sprengstoffen, ohne den Botschafter zu informieren, der nicht anwesend war, jedoch vor der Operation zurückkam. Also, offiziell weiß Nabil nichts von der Operation. Er kennt nur die Tatsache, daß ich eine Tasche gebracht und diese später genommen habe.

Helmut hat uns immer davor gewarnt, eine Operation direkt vom Osten aus durchzuführen und dann zurückzukehren. Wir haben das immer verneint und sind in Deckung geblieben und haben die Tasche nur nach Westen befördert ... ich beabsichtige, Berlin für einen sehr langen Zeitraum nicht zu benutzen, was ihnen die beste Lehre sein wird ... Die Operation hatte eine größere Wirkung als ich erwartet habe. Ich sende Dir die Bilder ... Yours Peter.«

Vor seiner Abreise nach Belgrad wurde Weinrich von Oberst Günter Jäckel gefragt, ob er die Täter des »Maison de France« kenne. Weinrich antwortete, es seien zweifelsfrei »unsere Jungs« gewesen. Zur Ablenkung kursierte in der Öffentlichkeit die Version, die Untergrundorganisation »Asala« (»Geheimarmee für die Befreiung Armeniens«) habe den Anschlag gegen die Franzosen durchgeführt. Bei der Stasi bestanden jedoch niemals Zweifel über die Urheber der Tat. Helmut Voigt in einer Notiz, die fünf Tage nach der Tat geschrieben und Minister Erich Mielke vorgelegt wurde: »Der Anschlag in Westberlin hat ... gezeigt, daß die ›Separat‹-Gruppe trotz Kenntnis unserer Sicherheitsinteressen die für sie bestehenden Arbeitsmöglichkeiten zu terroristischen Aktivitäten im Operationsgebiet nutzt.«

Weinrich konnte sich nicht lange von Berlin trennen. Er kehrte am 29. Januar 1984 zurück und kam dann beinahe jeden Monat. Das Terrorgeschäft lief weiter, als wäre nichts gewesen. Helmut Voigt beteuert, er habe »weiter disziplinierend auf die Gruppe« eingewirkt.

Beide wußten nicht, daß sie ohne ihr Zutun und absolut passiv in bedeutende politische Prozesse verwickelt waren. Die DDR stand bereits damals am Rande des Bankrotts. Der Westen boykottierte Kredite, um das ostdeutsche Regime besser in den Griff zu bekommen. Die Nato-Nachrüstung warf ihre Schatten voraus und ließ die offiziellen Kontakte einfrieren. Im April 1983 sagte Erich Honecker eine Reise in die Bundesrepublik ab. Nur ein Wirtschaftskanal funktionierte noch: der zwischen dem damaligen Staatssekretär und Stasi-Oberst Alexander Schalck-Golodkowski und seinem bayerischen Geschäftspartner Josef März, einem engen Vertrauten von Franz Josef Strauß.

Auf Vermittlung von März traf Schalck am 5. Mai 1983 erstmals mit dem bayerischen Landesfürsten zusammen. Sie sollten sich bis 1988 noch etwa dreißig

Mal sehen. Strauß forderte den sofortigen Abbau der Selbstschußanlagen an der innerdeutschen Grenze. Nur dann könne man über Kredite sprechen. Das wollte die DDR-Führung akzeptieren. Am 29. Juni 1983 erklärte sich die Bonner Regierung bereit, die Bürgschaft für den Milliardenkredit eines privaten Bankenkonsortiums zu übernehmen. Am 24. Juli 1983 besuchte Strauß den DDR-Chef im Jagdschloß Hubertusstock bei Berlin. Im Oktober begann der Abbau der Schießautomaten. Die DDR lockerte ihre restriktive Ausreisepolitik. Am 25. Juli 1984 folgte ein weiterer Kredit in Höhe von 950 Millionen Mark.

Auf dem Höhepunkt dieses unerwarteten Tauwetters erhielten die Terrorbekämpfer des Bundeskriminalamts ganz konkrete Hinweise auf einen DDR-Aufenthalt von Johannes Weinrich. Sogar das Hotel, in dem er wohnte, war nun bekannt. Beim BKA war man freudig erregt, wollte sofort die Gunst der Stunde nutzen und die DDR auffordern lassen, Weinrich in den Westen abzuschieben. Nach dem damaligen Haftbefehl sollte er wegen des Anschlags auf eine El-Al-Maschine in Paris-Orly zur Rechenschaft gezogen werden.

Dann traf plötzlich eine politische Weisung ein. Die freundlichen Kontakte mit der DDR dürften nicht behindert werden, indem man die Ostdeutschen bloßstellte. Auf Antrag der Staatsanwaltschaft Frankfurt wurde der Haftbefehl gegen Johannes Weinrich aufgehoben. Helmut Voigt erfuhr davon. Er konnte gar nicht glauben, daß einer der meistgesuchten deutschen Terroristen ohne erkennbaren Grund aus der Zielfahndung genommen wurde. Letztlich beeinflußte dies die weiteren Kontakte zwischen der Abteilung XXII und Weinrich, da er plötzlich als Sicherheitsrisiko erschien.

Möglicherweise, so Voigt, war er von den West-Diensten umgedreht worden.

Am 4. Dezember 1984 verhängten die DDR-Behörden eine einjährige Einreisesperre über Weinrich, einen Monat später auch über Abul Hakam. Mustafa el-Sibai wurde zuletzt im Oktober 1984 in Ostberlin gesehen. 1988 wurde er im nordlibanesischen Kobayat von unbekannten Tätern erschossen. Die Libanesen stellten 1990 eine Todeserklärung aus. Die Berliner Justiz wertet sie als echt.

Die Trümmer im »Maison de France« waren noch nicht beseitigt, da kündigte sich für Carlos neuer Ärger an. Gabriele Kröcher-Tiedemann, war 1977 – nach ihrer Beteiligung an der Entführung des österreichischen Industriellen Palmers – in der Schweiz festgenommen worden. Sie hatte dabei auf zwei Grenzbeamte geschossen. Wegen versuchten Mordes wurde die zierliche Militante zu fünfzehn Jahren Haft verurteilt.

Das Auslieferungsersuchen der deutschen Justiz wurde jahrelang durch die Bundesregierung verschleppt. Im August 1983 war wieder einmal die Rede davon, Gabriele Kröcher-Tiedemann zurückzuholen. Grund genug für ihren Ex-Chef, Carlos, zur Feder zu greifen und einen Brief an den damaligen bundesdeutschen Innenminister Friedrich Zimmermann zu formulieren:

»Sehr verehrte Exzellenz!　　　　*1. September 1983*

Im Namen unserer zentralen Führung:

1.　　Wir haben das französische Konsulat in West-Berlin am 25. August um 11.50 Uhr zerstört. Diese Operation ist im Rahmen der Aktionen

138

zu sehen, zu denen wir durch das Verhalten der
französischen Regierung gezwungen worden
sind. Ich füge eine Skizze und einige Erklärun-
gen zu der Operation bei.

2. *Die Wahl ist auf West-Berlin gefallen, weil es*
    eine Warnung sein soll, von dem Verhalten Ih-
    rer Vorgänger Abstand zu nehmen, das gegen
    unsere Organisation gerichtet war.
    Frau Gabriele Kröcher-Tiedemann, die nie-
    mals ein Mitglied unserer Organisation war,
    ist von der Bundesrepublik Deutschland be-
    schuldigt worden, an der Operation gegen die
    OPEC am 21. Dezember 1975 beteiligt gewe-
    sen zu sein. Jede juristische oder polizeiliche
    Verfolgung von Frau Kröcher-Tiedemann (oder
    irgendjemand sonst) wegen angeblicher oder
    tatsächlicher Beteiligung an Operationen un-
    serer Gruppe wird als bewaffnete Aggression
    erachtet, die wir entsprechend beantworten wer-
    den.

Für die Organisation des bewaffneten arabischen
Kampfes – Arm der arabischen Revolution.

Carlos«

Auch diesmal preßte Carlos, wie auf dem Schreiben
an den französischen Innenminister Gaston Deffere,
seine beiden Daumenabdrücke als sicheren Identitäts-
nachweis neben den Namen. Der Brief an Friedrich
Zimmermann wurde im deutschen Konsulat in Dschid-
da/Saudi-Arabien abgegeben.

Die Welle der Bombenattentate auf französische
Einrichtungen geht weiter. Am letzten Tag des Jahres

1983 wird erneut die Staatsbahn getroffen. Die Carlos-Gruppe plaziert einen Sprengsatz in den TGV-Schnellzug Marseille-Lyon. Er detoniert bei Tain-L'Hermitage. Zwei Menschen sterben und dreißig werden verletzt. Diesmal wurde das legendäre tschechische »Semtex« verwendet. Der Plastiksprengstoff »Pentrit« wird beim nächsten Anschlag eingesetzt, sechzehn Minuten später auf dem Hauptbahnhof von Marseille: Vier Tote und dreißig Verletzte. Zur gleichen Zeit wendet sich Staatspräsident François Mitterand mit seiner traditionellen Neujahrsrede live an das Volk.

Carlos schickt ein weiteres Bekennerschreiben ab, diesmal an das Büro der französischen Nachrichtenagentur AFP in Berlin gerichtet. Er unterschreibt mit »Arabische bewaffnete Kampforganisation«. Jetzt scheint es ihm nicht mehr nur um seine Geliebte zu gehen. Er begründet die Anschläge auch mit den französischen Luftangriffen auf Stellungen der schiitischen Terroristen im ostlibanesischen Baalbek. Am 1. Januar 1984 folgt ein Bombenanschlag auf das französische Kulturzentrum in Tripolis/Libanon, am 25. Januar auf das französische Luft- und Raumfahrtzentrum SNIAS in der Nähe von Paris. In beiden Fällen entsteht hoher Sachschaden.

Nun wurde es dem gesamten Ostblock allmählich zu riskant, mit Carlos und seiner Mörderbande in Verbindung gebracht zu werden. Das Ministerium für Staatssicherheit verhängte Ende 1985 über alle bekannten Mitglieder der Organisation ein Einreiseverbot. Man orientierte sich an den Ungarn, die das Hauptquartier von Carlos im August 1985 aufgelöst hatten.

Eine Halbjahresbilanz der Stasi von 1987 kam zu folgender Beurteilung: »Nach Einleitung der Reisesperrmaßnahmen 1984 gegen die wichtigsten Mitglieder der Gruppe ›Separat‹ wurden auf dem Territorium der DDR keine Aktivitäten von Gruppenmitgliedern festgestellt. Obwohl es gegenwärtig keine Information gibt, die auf ein Wirksamwerden der Gruppe in der DDR hindeuten, ist vorgesehen, in Realisierung des gemeinsamen abgestimmten Vorgehens mit den Bruderorganen (den anderen Ostblock-Geheimdiensten, d. Autor) die eingeleiteten Einreisesperrmaßnahmen gegen die wichtigsten Mitglieder der Gruppe aufrecht zu halten. Mit inoffiziellen Quellen sowie durch Auswertung offizieller Informationen ist die Tätigkeit der Gruppe weiter zu verfolgen, um rechtzeitig Gefahren für die DDR zu erkennen und vorbeugend zu verhindern.«

Der bereits erwähnte ausführliche Brief von Peter an Michel (Weinrich an Carlos) ist eine Fundgrube für alle Terrorismusforscher, ein zentrales Dokument unter den etwa fünfzig Briefseiten, die der ungarische Geheimdienst in der Budapester Carlos-Wohnung gefunden hat. Er zeigt, wie aktiv die Gruppe 1983/84 war, an wie vielen Stellen man zugleich tätig wurde. Neben der Vollzugsmeldung für die »Operation Berlin« schreibt Weinrich auch über Jugoslawien. Da gebe es neue, vielversprechende Kontakte. Den Kontakt zu den Kubanern – die Gruppe durfte stets nur durch das Land durchreisen – habe er in Berlin gerade erneuert.

Der Anschlag auf den saudischen Botschafter in Athen habe technisch geklappt (»Warum die beiden im vorderen Auto nicht sofort getötet wurden, ist seltsam.«). Das Kuwait-Projekt sei »in Arbeit«, auch das Abchecken der Sicherheitsvorkehrungen auf den Flughäfen in Dubai und Bahrain. Es gebe neue, interessante Aufträge und einen neuen Gesprächskontakt mit der PLO, die Carlos gegenwärtig in Rumänien vermute. Stolz wiederholte Weinrich in diesem tagebuchartigen Brief seine Entgegnung auf die Vermutung der PLO: »Wir sind überall und nirgends zur selben Zeit. Man kann uns aber nur im Untergrund finden.«

Am 4. Mai 1985 wurde Magdalena Kopp alias Lilly nach drei Jahren und zwei Monaten vorzeitig aus französischer Haft freigelassen. Sie kehrte nach Deutschland zurück, wo nichts gegen sie vorlag. Die Polizei in Offenburg nutzte aber sofort die Chance, sie zu vernehmen. Sie lebte einige Monate bei ihrer Mutter in Ulm und beantragte neue Ausweise. Ihre Haftzeit war in Familienkreisen ein Tabuthema, die Carlos-Gruppe wurde nie angesprochen.

Eines Tages stand ihr Anwalt vor der Tür, der berühmt-berüchtigte Maître Jacques Vergès, der spätestens seit Carlos' Festnahme im August 1994 im Verdacht steht, mehr mit seinem Mandanten verbunden zu sein als nur durch die juristische Vertretung. Vergès und Magdalena Kopp sprachen lange miteinander. Kurz darauf verließ sie das Reihenhaus ihrer Mutter und fuhr nach Frankfurt. Dort traf sie ihre alten Freunde und Genossen wieder, aber auch ihre Tochter Anna. Es war wie eine Abschiedstour, ein letztes Umarmen des harten Kerns. Magdalena Kopp flog dann nach Berlin und traf im Osten auf Abul Hakam. Er überreichte ihr einen Flugschein nach Damaskus und begleitete sie. Die Wiedersehensfeier in der syrischen Hauptstadt soll stürmisch gewesen sein.

Illich Ramirez Sanchez, der inzwischen Michel Assaf hieß, und Magdalena Kopp, die noch nach einer neuen Identität suchte, heirateten in Damaskus. 1986 kam die gemeinsame Tochter Rosa zur Welt, kurz nach dem »Rausschmiß« aus dem Ostblock. Der Mann, den man als meistgesuchten Terroristen der Welt kannte, wurde Vater und verwandelte sich immer mehr in einen Pensionisten.

11. Damaskus

»Bei Allah, diejenigen sprachen wahr, die sagten: wenn es das Paradies auf Erden gibt, dann ist es ohne Zweifel Damaskus; und wenn es im Himmel ist, dann ist Damaskus das irdische Gegenstück.«

(Ibn Jubayr, 5. Juli 1184)

Genau 800 Jahre trennen die beiden Reisenden. Der Andalusier Ibn Jubayr kam in die Oase Damaskus und sah die für damalige Verhältnisse sensationellen bewässerten Gartenanlagen mit üppigen Oliven- und Obsthainen. Er besuchte eine der ältesten menschlichen Siedlungen der Erde. Der Ort, an dem sich heute die syrische Hauptstadt zwischen dem Antilibanon-Gebirge und der großen Wüste befindet, war schon 1000 Jahre vor der Gründung Roms bewohnt.

Damaskus ist der Schauplatz biblischer Ereignisse: Hier erschlug Kain seinen Bruder Abel; am Kassyungebirge wurde Abraham geboren; Maria und Josef, Johannes der Täufer, Paulus – sie alle werden irgendwie mit Damaskus in Verbindung gebracht. Nur der Prophet Mohammed weigerte sich, nach Al-Scham zu kommen. Er wollte das Paradies nur einmal betreten. Damaskus beherrschte einst ein Weltreich, das der Omajaden. Die Abbasiden kamen, Sultan Saladin, Dschingis Khan, die Osmanen. Ihre Ära endete nach dem Ersten Weltkrieg, als die Franzosen einrückten.

Als der Reisende Illich Ramirez Sanchez kommt, um eine neue Heimat zu finden, trifft er auf keine märchenhafte Metropole aus Tausendundeiner Nacht, sondern auf eine heiße, schmutzige, laute Millionenstadt, die politisch vom arabischen Nationalismus geprägt ist, architektonisch vom Ostblock. Das Straßennetz ist europäisch, und die Plattenbauten in den neuen Stadtrandsiedlungen sind an Einfallslosigkeit kaum zu überbieten. In Damaskus begegnet man nur noch in der Altstadt der großen Vergangenheit. Das meiste ist funktional, langweilig.

Damaskus, das nur eine gute halbe Stunde von der Nordgrenze Israels entfernt liegt, war zu der Zeit, als Carlos sich dort aufhielt, eine Zone des Kalten Krieges. Mit radikaler Diktion nahm die seit 1963 regierende Baath Partei (Sozialistische Partei der Arabischen Wiedergeburt) eine aggressive, unversöhnliche Haltung gegenüber dem Staat der Juden ein. Viermal hatte man innerhalb von drei Jahrzehnten versucht, die Israelis ins Meer zu treiben, jedesmal vergeblich. Niederlagen gab es noch mehr, nicht zuletzt 1982 im Libanon, als die Israelis vor Beirut standen und die syrischen Stellungen in der Bekaa-Ebene aus der Luft zerschlugen.

Im November 1970 hatte der Führer des Militärkomitees der Baath Partei, Hafis el-Assad, den bisherigen Präsidenten Salah Jadid entmachtet und selbst alle Schlüsselämter übernommen: das des Präsidenten, des Parteiführers sowie des Oberbefehlshabers der überdimensionierten Streitkräfte. Er setzte alles daran, einen eher sozialistisch als islamisch geprägten Staat zu schaffen. Syrien war ein vorgeschobener Posten der Saudis und der Golfstaaten, wenn es um die historische Konfrontation mit Israel ging. Dafür flossen auch die Petrodollars, mit denen das Regime im Ostblock immer mehr Panzer und Flugzeuge kaufte, während es dem Volk immer weniger gönnte.

Auch nach neuesten Erkenntnissen gibt Syrien immer noch Unsummen für Rüstung aus. Ein Land mit 13 Millionen Einwohnern unterhält eine Streitmacht von mehr als 500 000 Mann, dazu eine Miliz mit 400 000 Bewaffneten. Syrien verfügt über 4800 Panzer, 5000 Schützenpanzer, 530 Kampfflugzeuge und weitreichende Raketen. Das Land besitzt chemische Waffen, experimentiert vermutlich mit biologischen Kampfstoffen und verfügte gerne über nukleare Sprengsätze.

In Damaskus sammelten sich die vertriebenen Palästinenser des Jahres 1948: die Integrationsfigur des frühen Widerstands, Mufti Abdel Kader al-Husseini, und auch Jassir Arafat, als er noch die dunkle Sonnenbrille trug und Kommandotrupps über den Jordan schickte. Irgendwann wurde der PLO-Chef den Syrern zu gemäßigt und gegenüber dem in einem überzogenen Personenkult vergötterten Assad zu wenig devot. In den vergangenen zehn Jahren durfte er deshalb nur ausnahmsweise einreisen. Assad haßt Arafat, und das wird sich wohl nie ändern.

Assad unterstützte schon immer die radikalen Palästinenserfraktionen. Die Volksfront für die Befreiung Palästinas (PFLP) von George Habasch und Wadi Haddad saß mit ihren Exilpolitikern stets in Damaskus und Beirut, ebenso die Demokratische Front des Nayef Hawatmeh. Die Syrer beherbergen Ahmed Jibril und seine Splittergruppe PFLP-GC, die Feinde Arafats bei der »Fatah« und viele andere kleine Ableger.

Jahrelang durfte der Massenmörder und Arafat-Todfeind Abu Nidal Büros und Wohnungen in Damaskus nutzen. Die Creme des internationalen Terrorismus ging in Syrien ein und aus. Hier nahmen Flugzeugentführungen ihren Anfang (oder gingen dort auch zu Ende). In den Palästinenserlagern außerhalb der Stadt – sie sind heute mit Damaskus zusammengewachsen – wurde eine Generation nach der anderen zum Haß erzogen.

In den engen Gassen von Damaskus, in dunklen Kellerwohnungen, hatten sich schon immer Vertreter von Befreiungsbewegungen und Sektierer aus aller Herren Länder eingerichtet. Da paktierte die syrische Regierung mit den Offiziellen aus Äthiopien und beherbergte gleichzeitig Untergrundkrieger aus eben jenem Land. Die Guerilla des Oman war in Damaskus zu finden, ebenso die Unzufriedenen aus Saudi-Arabien, während sich Syrien gleichzeitig von Riad finanziell unterstützen ließ.

In Damaskus befindet sich das Hauptquartier der »Kurdischen Arbeiterpartei« PKK. Hier lebt der Drahtzieher des kurdischen Terrors, Abdallah Öcalan. Zusätzlich sind alle kurdischen Gruppierungen aus dem Irak mit Büros vertreten. Daß dagegen die Kurden im eigenen Land unterdrückt, ihre Menschenrechte permanent verletzt werden, paßt zur syrischen Politik. Gleichzeitig dürfen sich Aktivisten der türkischen Terrororganisation Dev Sol in Damaskus aufhalten. Das ist angewandte Regionalpolitik.

Syrien kontrolliert seit ihrer Gründung im Jahre 1982 die libanesische »Partei Gottes«, genannt Hisbollah. Das bedeutet, daß Syrien stets in die Geiselaffären der libanesischen Schiiten verwickelt war, zumindest wußte, wo die Verschleppten versteckt wurden und wer aus ihrer Gefangenschaft Gewinne schöpfte. Der Kolumnist William Safire urteilte im Oktober 1994 in der »New York Times« über Syrien: »Damaskus bleibt die Hauptstadt des Terrorismus.«

Auch die verschwundenen RAF-Aktivisten wurden stets in Damaskus vermutet – bis man sie allerdings in kleinbürgerlich-spießigen Existenzen in der DDR entdeckte. Versprengte aus den alten Revolutionären Zellen tauchten immer wieder in Syrien auf – weil sie mit Carlos, Weinrich und der PFLP des George Habasch in Verbindung standen.

Gerd Albartus, genannt Kay, mußte dies sogar mit dem Leben bezahlen. Der Krefelder Kino-Brandstifter (er hatte wegen eines Actionfilms über die Flugzeugentführung nach Entebbe Feuer gelegt), Gelegenheitsjournalist, Mitarbeiter der Grünen im Europa-Parlament und Carlos-Kurier kehrte 1987 nicht mehr aus Damaskus zurück.

In einem erstaunlich offenen Nachruf beklagten die Revolutionären Zellen 1991 sein Schicksal: »Er wurde bereits im Dezember 1987 erschossen, nachdem er von einer Gruppierung, die sich dem palästinensischen Widerstand zurechnet und für die er gearbeitet hat, vor ein Tribunal gestellt und zum Tode verurteilt worden war. Wir haben die Nachricht erst etliche Zeit später bekommen. Bis dahin waren wir davon ausgegangen, daß Gerd von einer Reise zu der Gruppe nicht zurückgekehrt war, weil er von den Hausdurchsuchungen, Fahndungen und Verhaftungen im Dezember 1987 wußte und befürchtete, bei einer Einreise in die BRD ebenfalls festgenommen zu werden.«

Zum engeren Freundeskreis von Albartus zählten die einschlägig verurteilte linke Journalistin Ingrid Strobl, der RZ-Aktivist Thomas Kram, Deckname Lothar, und Marc Rudin. Der Schweizer Anarchist der ersten Generation lebte in Damaskus im Schutzbereich der PFLP. Rudin wurde beim illegalen Grenzübertritt in die Türkei festgenommen und später nach Dänemark überstellt. Ein Gericht in Kopenhagen verurteilte ihn 1993 wegen der Beteiligung an einer Geldbeschaffungsaktion der PFLP. Bei dem Überfall in Dänemark war ein Polizeibeamter ermordet worden.

Enge Kontakte zu diesem illustren Zirkel pflegte auch Carlos-Vize Johannes Weinrich. Er soll Gerd Albartus Aufträge erteilt haben. Dann soll er ihn irgendwann als Verräter bezeichnet und höchstpersönlich liquidiert haben. Daran glaubt die gut informierte linke Szene. Auch bundesdeutsche Terrorismus-Fahnder halten diese Version für plausibel.

Der Polizei- und Militärstaat Syrien wird von rund fünfzehn Geheimdiensten gestützt. Sie arbeiten unabhängig voneinander für ihren obersten Chef Assad, gegeneinander, wenn es um ihre eigenen Pfründe geht, und gegen den Frieden im Nahen Osten. Zu ihren Hauptaufgaben zählen die vielfältigen Kontakte zu radikalen Palästinensergruppen und zu Terroristen, die sich Syriens Protektion unterstellt haben beziehungsweise dem Regime in Damaskus Gefälligkeiten erweisen. Die syrischen Geheimdienste verwalten, nach Berechnungen ihrer westlichen Kollegen, einen Jahresetat von einem Drittel des Militärhaushalts. Das sichert die Gehälter von mindestens 50 000 Angehörigen der Nachrichtendienste. Manche Schätzungen gehen vom Dreifachen aus.

Die syrische Polizei kümmert sich nur um Straßenverkehr und um nächtliche Ruhestörung. Alle wichtigen Aufgaben liegen in den Händen der geheimen Dienste. Ausnahmslos alle Syrer – auch jene, die ihnen zuarbeiten – haben vor ihnen und ihren unbeschreiblich grausamen Foltermethoden Angst. Das beginnt beim Staatssicherheitsdienst, gegenüber dem die Stasi als absolut harmlos einzuordnen ist.

Die beiden wichtigsten Organisationen, die dem asketischen Luftwaffen-Karriereoffizier Hafis Assad auch am nächsten stehen, sind der Militärgeheimdienst und der Luftwaffengeheimdienst. Beide haben unabhängig voneinander Terroroperationen im Ausland angeordnet und gesteuert. Solche Aktionen gehören aber prinzipiell zu den Aufgaben des Luftwaffengeheimdienstes.

Unter dem Kommando von General Mohammed al-Khouli und seinem Vize, Oberst Haitham Said, war diese Behörde in den 80er Jahren in zahlreiche Anschläge und Mordaufträge verwickelt. Agenten von Khouli und Said bombten im März 1986 bei der »Deutsch-Arabischen Gesellschaft« in Berlin. Sie stifteten den Jordanier Nezar Hindawi an, seine schwangere Freundin mit einer Bombe an Bord einer in London startenden El-Al-Maschine zu schicken. Das Flugzeug wäre über den Schweizer Bergen explodiert, hätte die Operation geklappt.

Die Tätigkeit des Luftwaffengeheimdienstes brachte Syrien schon viel internationalen Ärger und politisch-wirtschaftliche Isolation ein. Al-Khouli trat deshalb aus optischen Gründen ab und besetzte das Chefbüro beim Luftwaffendienst im Damaszener Stadtteil Abu Rumaneh mit seinem Neffen, Oberst Ibrahim Huwaiji. Der Pate des Terrorismus rückte auf zum Vorsitzenden des Geheimdienst-Komitees im Amt des Präsidenten Assad. In Fachkreisen geht man davon aus, daß Mohammed al-Khouli die Leitung des Luftwaffendienstes nie wirklich aufgegeben hat.

Die Staatsanwaltschaft beim Berliner Kammergericht kommt zu dem Schluß, daß Syrien »als Hauptsponsorstaat der Bande um Sanchez/Weinrich« anzusehen ist. Der Luftwaffengeheimdienst »unterstützte die Gruppe nach zutreffend erscheinenden Erkenntnissen der (Stasi-)Abteilung XXII/8 mit Einverständnis der (DDR-)Staatsführung seit Ende 1979 umfassend mit Waffen und Geld und nutzte die Bande zudem zur Bekämpfung israelischer und antisyrischer Kräfte im Libanon. So stellten die ungarischen und ostdeutschen Geheimdienste u. a. fest, daß im Auftrag Syriens ›für 10 Millionen Dollar die Geiselnahme eines unbekannten Staatspräsidenten geplant‹ war.« Es soll sich um den saudischen König gehandelt haben.

Die Berliner Strafverfolger werfen den Syrern auch vor, daß sie »den führenden Banden-Mitgliedern Diplomatenpässe und nach Erkenntnissen des MfS auch total gefälschte Reisepässe der Bundesrepublik, ›die eine sehr hohe Qualität aufwiesen‹, zur Verfügung« stellten. Damit habe der Staat Syrien der Carlos-Bande »Bewegungsfreiheit zur Organisation und Begehung von Terroranschlägen« verschafft.

In einem Gutachten aus dem Jahre 1981 stellt die zuständige MfS-Fachstelle fest, daß die Fälschungsmerkmale der bundesdeutschen Pässe bei einem Grenzübertritt nur mit Mühe zu erkennen seien. Nachahmungen dieser Qualitätsstufe könnten nur in geheimdienstlichen oder staatlich geführten Druckereien hergestellt werden. Einen solchen Paß besaß übrigens auch Christa Margot Fröhlich, als sie in Rom festgenommen wurde. Das BKA bescheinigte dem Dokument in einem Gutachten höchste Qualität.

Als die Carlos-Gruppe der DDR zunehmend lästig wurde, protestierte das ostdeutsche Außenministerium bei der syrischen Botschaft. Die Syrer stellten in ihrer Antwort fest, daß der Gebrauch von syrischen Diplomatenpässen durch Carlos und seine Leute von höchster Stelle sanktioniert worden sei. Bei dieser Gelegenheit wurde bekannt, daß Carlos 1983 von Präsident Assad zu einem sechsstündigen Gespräch empfangen worden war.

Die syrischen Verbindungsleute der Carlos-Bande in Ostberlin waren der 3. Sekretär an der Botschaft und Offizier des Luftwaffengeheimdienstes Nabil Shritah sowie sein Kollege Amin Askeri. Nabil Shritah sollte später noch eine bedeutende Rolle spielen.

Ein letzter Punkt bei der Beurteilung des syrischen Sicherheitsapparates ist die Verwicklung seiner wichtigsten Generäle und Obristen in das internationale Rauschgiftgeschäft. Vor allem die zur 30 000 Mann starken Besatzungsarmee zählenden Offiziere im Libanon kontrollieren den Anbau von Heroin und Haschisch in der Bekaa-Ebene. Nach Erkenntnissen weltweit tätiger Drogen-Abwehr-Behörden, vor allem der amerikanischen »Drug Enforcement Administration« (DEA), sind manche Syrer auch in den Transport der heißen Ware verstrickt.

In einschlägigen Untersuchungsberichten werden Mitglieder des Präsidentenclans aufgeführt, aber auch Geheimdienstchefs. Ihr lange Zeit wichtigster Schützling hieß Monzer al-Kassar. Der Sohn eines ehemaligen syrischen Botschafters mit Wohnsitz in Marbella, Wien und Damaskus verdiente in den 80er Jahren durch großes Engagement in den Geschäftssparten Drogen, Waffen und Terror mehrere 100 Millionen Dollar. Insider wissen, daß er sich die Protektion in Damaskus einiges kosten ließ. Nicht wenige syrische Geheimdienst-Größen sind auch nach europäischen Maßstäben als reich einzuordnen.

Illich Ramirez Sanchez alias Carlos alias Michel Assaf paßte problemlos in diesen Biotop des organisierten Verbrechens. Die Stasi-Kontaktperson »Pat« alias Abu Daud, ein prominenter Mann aus Arafats »Fatah« und einer der Planer des Olympia-Überfalls von München, traf Carlos am 11. April 1984 durch Zufall in Damaskus. Am 8. Mai berichtete er darüber seinem Verbindungsmann in Ostberlin. Als Resultat der Gespräche entstand die Operativ-Information 114/815/84.

Zitat: »›Carlos‹ hält sich seit längerer Zeit ausschließlich in Damaskus auf. Hier lebt er in einer konspirativen Wohnung. Der enge Kontakt zum syrischen Geheimdienst, der nach wie vor besteht, erhielt eine andere Zielrichtung. ...Der Iran und Syrien planen, ›Carlos‹ gegen Saudi-Arabien u.a. Golfstaaten einzusetzen. Zur Besprechung von Details und finanzieller Fragen wurde er für Ende April nach Teheran eingeladen. ›Carlos‹ sagte die Reise jedoch kurzfristig ab, da ihm Informationen über gegen ihn geplante Aktivitäten von US-Geheimdiensten bei seinem Teheran-Aufenthalt bekannt wurden.«

Ob es zu diesem neuen »Arbeitsverhältnis« kam, ist bislang nicht geklärt. Es gibt jedoch Anhaltspunkte dafür, daß die Carlos-Gruppe erpresserisch tätig war. Ähnlich wie Abu Nidal soll der Venezolaner die überaus schreckhaften Golfaraber um Schutzgelder erleichtert haben. Das wäre keineswegs verwunderlich, da sich im syrischen Exil gemeinhin nicht viel verdienen ließ. Carlos und die Seinen wollten nach 1986 ihren gewohnten Lebensstandard nicht übermäßig zurückschrauben. Ein weiteres Gerücht besagt, daß die Carlos-Truppe gegen die Regimefeinde von der syrischen Moslembruderschaft vorgehen sollten.

Das frisch verheiratete Ehepaar Carlos und Magdalena lebte mit dem gemeinsamen Kind Rosa in einer Wohnung des Luftwaffengeheimdienstes in Mezze, dem Stadtteil der Diplomaten und Besserverdienenden. Ihr Gönner Mohammed al-Khouli teilte Johannes Weinrich ein anderes Appartement zu. Der Westfale nannte sich jetzt Peter Schmidt und erklärte im Bedarfsfall, er sei Österreicher. »Peter, der Europäer«, wurde er von den einfacheren Syrern genannt, die ihn trafen.

Einem englischen Bekannten namens Martin, den er gelegentlich im Pub des Damaszener Sheraton sah, vertraute Peter Schmidt an, er könne nicht nach Österreich zurückkehren. Da sei »ein Problem mit der Justiz, wegen fälliger Unterhaltszahlungen oder so«. Mit dieser Legende lebte Johannes Weinrich mehrere Jahre lang.

Er ließ sich vom Luftwaffengeheimdienst anheuern und kümmerte sich um die deutschen Nobelkarossen der höheren Dienstränge. Ob Mercedes oder BMW, Weinrich/Schmidt besorgte jahrelang alle raren Ersatzteile. Er selbst steuerte wechselnde Luxuslimousinen, vermutlich diejenigen, die er zu betreuen hatte. Des öfteren wurde er in einem weißen Mercedes-Coupé der 500er Klasse gesehen. Er fuhr auch gerne zum Einkaufen in den Libanon, wo bekanntlich vieles billiger zu haben ist.

Der international gesuchte Terrorist lebte in einem gut bewachten, modernen, dreistöckigen Gebäude mit vielen Balkonen und einer Dachterasse. Es liegt im Schatten der Akram-Moschee, Wand an Wand mit der ägyptischen Botschaft. Seine Nachbarn waren zeitweise der libanesische Falangist und Schlächter von Sabra und Schatila, Elie Hobeika, und der Flugzeugentführer

Mir Murtaza Bhutto, Sohn des ehemaligen pakistanischen Premierministers Bhutto und Bruder von Benazir Bhutto.

Peter Schmidt alias Steve alias Johannes Weinrich wurde nie mit Frauen gesehen – außer mit Magdalena Kopp, die er gelegentlich als seine Schwester vorstellte. Der hochgewachsene, durchtrainierte Vierzigjährige mit dem Kurzhaarschnitt und den asketischen Zügen kam oft in den Pub des Sheraton. Er trank, rauchte viel, spielte Karten mit anderen Ausländern und sah sich Videos an. Da er sein schwerbewachtes Domizil nicht hätte erklären können, lud er auch keinen seiner Gelegenheitsfreunde zu sich nach Hause ein. Er gab ihnen höchstens mal die Telefonnummer, unter der sie ihn erreichen konnten: 66 77 85.

Daß »Peter, der Europäer« stets eine großkalibrige Pistole im Gürtel stecken hatte, wurde ihm als Spleen nachgesehen. Für manche hat Damaskus wegen der vielen Untergründler und Geheimen eben so etwas wie einen Wildwestcharakter. Wenn er gut gelaunt war, zeigte er auch mal seine Pistole und erzählte lachend, er ziehe »schneller als Django«.

Einmal traf der Engländer Martin seinen Freund aus Österreich in Begleitung seiner »Schwester« und seines »Schwagers«. Peter stellte ihn als pensionierten syrischen General mit Namen Assaf vor. Auch die kleine Tochter der beiden war dabei. »Onkel Peter« schien sehr an ihr zu hängen. Manche Augenzeugen glauben, daß Rosa ihm mehr bedeutete als dem leiblichen Vater. Die Gruppe war auf dem Weg zum Abendessen im Restaurant des Sheraton. Normalerweise wurde Carlos als mexikanischer Geschäftsmann, Sparte Import-Export aller Art, eingeführt, eine Rolle, die er wesentlich besser zu spielen verstand als die des syrischen Ruheständlers. Sein dunkelgrauer Mercedes 560 (Kennzeichen 37-3672) paßte übrigens zu beiden Legenden. Denn das Militär ist Syriens privilegierteste Klasse.

Carlos lebte lange Zeit mit seiner Familie im besseren Teil von Mezze, unweit der Residenz des bundesdeutschen Botschafters. Die Wohnung war unter folgender Adresse zu finden: Al Mezze Villat Gharbieh, Al Akhtam Ben Saifi Street, Al Jandali Building.

Nur wenige Meter entfernt wohnt der Panzergeneral Ibrahim el-Safi, einer der wichtigsten Militärführer Syriens. Vor seinem Anwesen steht ein Wachhäuschen. Auf der Straße befinden sich stets bewaffnete Posten und beschützen praktisch auch das Nebengebäude Al Jandali. Auf der Klingel der mutmaßlichen Carlos-Wohnung stand »Abu Ahmed Al Jandali«. Das ist kein logischer arabischer Name: Man heißt entweder Abu Ahmed oder Al Jandali. Carlos alias Michel Assaf war unter der Telefonnummer 66 44 37 erreichbar.

Carlos verließ Damaskus sehr selten. Er besuchte dann Freunde im Jemen oder im Irak. Zu seinen engeren Freunden in Bagdad zählte beispielsweise Abu Daut, der frühere lokale PFLP-SC-Stationschef. Abu Daut lebte zurückgezogen und sprach vor allem dem Alkohol zu. Wenn Carlos in Bagdad war, traf er auch »Sami, den Boxer«, einen Syrer. Sein Familienname ist Dummar. Er gehörte 1972 der syrischen Olympiamannschaft an und errang eine Goldmedaille. Später wurde er mit der Terrorszene in Verbindung gebracht.

Während Carlos in Damaskus als Familienvater lebte und keinen erkennbaren Terrorgeschäften mehr nachging – seit ihren Anschlägen in Berlin und London waren auch die Syrer vorsichtiger geworden –

brach einige 1000 Kilometer entfernt eine ihm vertraute Welt zusammen. Der alte Ostblock löste sich auf, die Tyrannen und ihre Regime stürzten. Für einen Moment sah es so aus, als ob innerhalb kürzester Zeit alles zum Abfall der Geschichte gehören würde.

Carlos' Gönner Ceauşescu wurde beim Aufstand seiner ungetreuen Untertanen an die Wand gestellt und erschossen. Auch der völlig überraschte Honecker mußte abtreten, und die Mauer fiel. Das Stasi-Hauptquartier wurde von Demonstranten heimgesucht, die Akten aus dem Fenster warfen. Das Volk stürzte die Statuen der großen sozialistischen Vorbilder. In Budapest hatte nun Miklos Nemeth das Sagen, in Prag der verfemte Dichter Vaclav Havel. Der Designer-Terrorist Carlos, dessen große Chance die Feindseligkeit zwischen den Systemen gewesen war, muß in jenen Tagen atemlos die Medien verfolgt haben. Es wird ihm klar geworden sein, daß auch seine Ära zu Ende ging, daß er ein reformiertes Osteuropa niemals wieder würde betreten oder gar von dort aus operieren können.

Wenn er weiter dachte, dann muß er damals schon geahnt haben, daß auch seine Zeit in einem Land wie Syrien irgendwann vorbei sein würde. Der eng mit dem Ostblock verbundene arabische Hardliner konnte auf Dauer nicht in militanter Opposition zum Westen – und zu Israel – bleiben. Er mußte einlenken und sich arrangieren. Ein erster Testlauf sollte die syrische Teilnahme an den multi-nationalen Truppen während des Kuwait-Krieges sein. Carlos war klar, er mußte über kurz oder lang der neuen Entwicklung weichen.

Auch seine Freunde in Europa spürten den eisigen Wind der Veränderung. Ein Mann wie Oberstleutnant a.D. Helmut Voigt, der aktiv Terroristen unterstützt hatte, wußte, daß der Tag der Abrechnung kommen würde, daß ihn die Sieger aus dem Westen zur Rechenschaft ziehen würden. Nicht alle Akten der Stasi konnten – trotz vieler Sonderschichten – vernichtet werden. Bei heiklen Vorgängen gab es außerdem zu viele Kopien, Querverweise in Akten, an die man sich zu spät erinnerte. So blieb vieles erhalten, und die Strafverfolgungsbehörden des Westens konnten sich nach und nach ein klares Bild über die wahren Ausmaße des Unrechts in der DDR machen.

Im Zusammenhang mit der Abteilung XXII ging es anfangs gar nicht um Carlos oder Abu Nidal. Die Zusammenarbeit mit den bundesdeutschen Terroristen der Rote Armee Fraktion (RAF) stand im Mittelpunkt des Interesses. Anhand von Akten und Aussagen ließ sich vieles rekonstruieren. Inge Viett, Deckname »Maria«, war es, die 1980 den ersten Kontakt zur Stasi suchte. Sie kam aus Prag und traf in Ostberlin die beiden Terrorexperten Harry Dahl und Helmut Voigt. Anfangs ging es nur um die Unterbringung von acht Aussteigern, später sollten es zehn sein.

Im Frühjahr 1981 reisten sechs aktive RAF-Leute, unter ihnen Christian Klar, Inge Viett und Henning Beer, in die DDR. Nun verhandelten sie über die Beschaffung von Waffen und Sprengstoff. Sie bereiteten gerade einen Anschlag auf den US-General Frederik Kroesen vor. Voigt und seine Vorgesetzten lehnten aktive Waffenhilfe ab. Im selben Jahr führte die Stasi allerdings einen sechswöchigen Lehrgang für die RAF-Mitglieder Inge Viett, Helmut Pohl, Adelheid Schulz und Christian Klar durch. Sie trainierten an verschiedenen Handfeuerwaffen, aber auch an der Panzerfaust RPG-7. Mit dabei auf MfS-Seite: Helmut Voigt, Günter Jäckel und Norbert Wetzel von der XXII. Viett, Pohl und Schulz wurden darüber hinaus auf einem Sprengplatz am Dehmsee im Umgang mit explosiven Materialien geschult.

Als die Ermittlungen der Bundesanwaltschaft in der RAF-Stasi-Connection in ein entscheidendes Stadium getreten waren, wurden Haftbefehle gegen Vizeminister Gerhard Neiber und seine ehemaligen Untergebenen Günter Jäckel, Harry Dahl, Helmut Voigt, Gerhard Plomann und Gerd Zaumseil erlassen. Am 26. März 1991 sollten sie vollstreckt werden. Für den selben Abend bereitete das ARD-Fernsehmagazin »Monitor« einen Beitrag über die Verhaftungsaktion vor, lancierte am Morgen bereits Vorabmeldungen. Helmut Voigt muß die Nachricht im Berliner Lokalsender »100,6« gehört haben. Fluchtartig verließ er seine Wohnung in der Niederwallstraße. Die Beamten des BKA fanden seinen Trabi Kombi später in der Nähe des Alexanderplatzes.

Helmut Voigt befand sich also auf der Flucht, in der Tasche mehrere falsche Pässe. Er konnte Dieter Wagner heißen und Alfred Hermann, Jürgen Friedrich und Helmut Volkmann. Der Ex-Oberstleutnant setzte sich nach Griechenland ab. Im Spätsommer 1991 bezog er eine Wohnung in der Hafenstadt Volos, mehrere Autostunden nördlich von Athen. Er verhielt sich ruhig und unauffällig, versteckte sein Gesicht hinter einem Vollbart. Den Nachbarn stellte er sich als Lehrer vor. Er verbrachte viele Stunden damit, seine Erinnerungen aufzuschreiben. Am Ende wurde ein dickes Manuskript daraus. Inzwischen lief eine Fahndung an, wie es sie in Deutschland noch nie gegeben hatte.

Zur selben Zeit in Damaskus: Carlos, seine Frau Magdalena und sein Adjutant Weinrich durchlebten eine unruhige Phase. Es begann mit einem Artikel aus der Feder des französischen Terrorismus-Fachmanns

Xavier Raufer: »Carlos: Stille Tage in Damaskus«. Im Nachrichtenmagazin »L'Express« am 28. Dezember 1990 veröffentlicht, wurde er mit einigen falschen Details über Nachrichtenagenturen verbreitet.

Die Deutsche Presse-Agentur (dpa) formulierte den Inhalt folgendermaßen:

>*Der Terrorist* ›*Carlos*‹ *Illich Ramirez Sanchez (41), der Europa in den 70er und 80er Jahren mit blutigen Anschlägen überzogen hat, führt nach Informationen der französischen Illustrierten* L'Express *im schicken Wohnviertel Mazze von Damaskus das ruhige Leben eines Familienvaters. Wie das Blatt berichtete, ist der gebürtige Venezolaner mit dem mutmaßlichen RAF-(Rote Armee Fraktion)-Mitglied Magdalena Kopp verheiratet und hat eine sechsjährige Tochter namens Evita. Carlos hat einen syrischen Paß mit dem Namen Michel Assaf und gibt sich laut* L'Express *als mexikanischer und auf die arabische Welt spezialisierter Geschäftsmann aus. Für* ›*Verpflegung und Unterkunft*‹ *sorge* ›*die Nummer zwei*‹ *des Geheimdienstes der syrischen Luftwaffe, Haytham Said.*«*

Anfang Januar 1991 meldete das US-Fernseh-Network ABC, Carlos sei in Damaskus abgetaucht und werde nun durch den Kuwait-Besetzer Saddam Hussein reaktiviert. In Kürze seien Anschläge der Carlos-Gruppe auf westliche Ziele zu erwarten. Die Panikmache lief Tage vor Beginn des alliierten Angriffs auf die irakischen Truppen über die amerikanischen Bildschirme. Sie verpuffte im Überangebot der elektronischen Medien und wurde nicht weiter beachtet. Vielleicht auch, weil die Gefahr zu abstrakt vermittelt wurde und der eigentliche Star, der Terrorist Car-

Carlos auf einem Paßbild, das er Anfang der achtziger Jahre benutzte, um ein Visum für die CSSR zu erhalten. Es fand sich im Archiv des Prager Geheimdienstes StB.

Carlos' Mutter Elba Maria Sanchez versuchte am 21. September 1991 mit einem falschen marokkanischen Paß in Lybien einzureisen (oben). Sie befand sich in Begleitung ihres Sohnes, der selbst einen falschen jemenitischen Diplomatenpaß (unten) benutzte. Beide wurden zurückgewiesen.

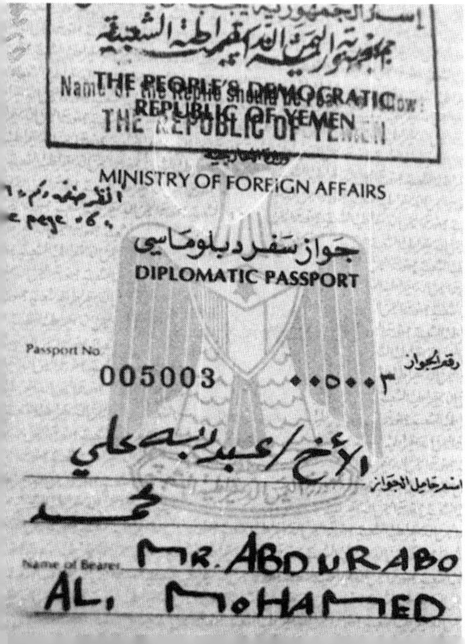

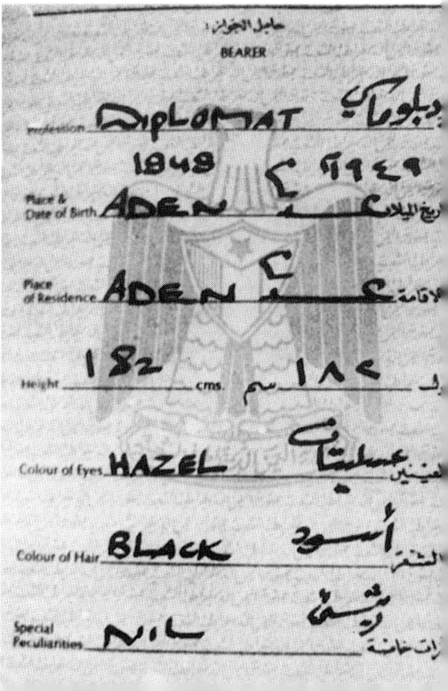

Carlos mit seiner Mutter (links) und einer unbekannten Freundin auf einer Party in London, wo er zusammen mit seiner Mutter und seinen Brüdern Lenin und Vladimir ab 1966 lebte.

Botschaft
der Bundesrepublik Deutschland
Ambassade
de la République fédérale d'Allemagne
Pol/RK 555.30

Note Nr. 549/92

<u>V e r b a l n o t e</u>

Die Botschaft der Bundesrepublik Deutschland beehrt sich, das Außenministerium der Arabischen Republik Syrien zu begrüßen und bittet die Regierung der Arabischen Republik Syrien um Mithilfe in der folgenden Angelegenheit:

Die Botschaft der Bundesrepublik Deutschland ersucht die Regierung der Arabischen Republik Syrien, den

venezolanischen Staatsangehörigen
Ilitch RAMIREZ-SANCHEZ,
geb. am 12.10.1949 in Caracas,
Deckname "Carlos" bzw. "Salem",

sowie den

deutschen Staatsangehörigen
Johannes WEINRICH,
geb. am 21.07.1947 in Brakel-Höxter,

beide vermutlich in Damaskus aufhältlich,

An das
Aussenministerium der
Arabischen Republik Syrien
<u>D a m a s k u s</u>

zur Strafverfolgung wegen der im Haftbefehl des Amtsgerichts Tiergarten in Berlin aufgeführten Straftaten auszuliefern, die Verfolgten bis zum Vollzug der Auslieferung in Auslieferungshaft zu nehmen und zu halten und bei dem Vollzug der Auslieferung mitzuteilen, während welcher Zeit die Verfolgten in Syrien allein wegen des Auslieferungsersuchens in Haft gehalten worden sind.

Die Botschaft der Bundesrepublik Deutschland sichert der Regierung der Arabischen Republik Syrien zu,

a)   daß die Bundesregierung auch ihrerseits bereit ist, in Syrien
     wegen gleicher oder ähnlicher Straftaten verfolgte Personen,
     die nicht die deutsche Staatsangehörigkeit besitzen, unter den
     Voraussetzungen und Bedingungen auszuliefern, die im inner-
     staatlichen Auslieferungsgesetz festgelegt sind,

b)   daß die ausgelieferten Personen

     aa) in der Bundesrepublik Deutschland ohne Zustimmung der sy-
          rischen Regierung aus keinem vor ihrer Überstellung ein-
          getretenen Grund mit Ausnahme der Taten, derentwegen die
          Auslieferung bewilligt worden ist, bestraft, einer Be-
          schränkung ihrer persönlichen Freiheit unterworfen oder
          durch Maßnahmen die nicht auch in Abwesenheit getroffen
          werden können, verfolgt werden,

     bb) in der Bundesrepublik Deutschland nicht ohne Zustimmung
          der syrischen Regierung an einen dritten Staat weiterge-
          liefert, überstellt oder an einen dritten Staat abgescho-
          ben werden und

     cc) die Bundesrepublik Deutschland nach dem endgültigen Ab-
          schluß des Verfahrens, dessentwegen die Auslieferung
          bewilligt worden ist, verlassen dürfen,

c)   daß eine etwa zu verhängende Strafe nicht aus politischen,
     militärischen oder religiösen Gründen verhängt oder verschärft
     wird und

d)   daß die in Syrien erlittene Auslieferungshaft nach Maßgabe der
     deutschen Gesetze auf eine etwa zu verhängende Strafe ange-
     rechnet wird.

     Die Botschaft der Bundesrepublik Deutschland beehrt sich der
Regierung der Arabischen Republik Syrien mitzuteilen, daß beabsichtigt ist, die Verfolgten von deutschen Beamten in Damaskus abholen zu lassen und sie auf Kosten der deutschen Strafverfolgungsbehörden auf dem Luftweg in die Bundesrepublik Deutschland zu
überstellen.

     Die Botschaft der Bundesrepublik Deutschland benutzt diesen
Anlaß, das Außenministerium der Arabischen Republik Syrien erneut
ihrer ausgezeichneten Hochachtung zu versichern.

                              Damaskus, den 31. Oktober 1992
                              DB/mi
                                   L.S.

Anlage: 2 Blattsammlungen

Dieses Paßbild befand sich in dem falschen jemenitischen Diplomatenpaß, den Carlos 1991 benutzte. Danach hieß er Abdou Rabo Ali Mohammed und war 1948 in Aden geboren.

Hassan al-Turabi, Islamistenführer und starker Mann des Sudans (links), war der letzte Gastgeber Carlos'. Er lieferte ihn an Frankreich aus. Syriens Staatspräsident Hafis el Assad (unten) beherbergte Carlos und seine wichtigsten Komplizen zwischen 1984 und 1993. Dann war er nicht mehr bereit, den politischen Preis dafür zu bezahlen. Die Terroristen mußten Syrien verlassen.

Carlos Anfang 1994 im Sudan: Französische Geheimagenten fotografierten den Top-Terroristen, als sie Beweise für seine Anwesenheit in Khartum sammelten.

los, weder gezeigt noch gefragt worden war. Er wäre wohl selbst überrascht gewesen. Die einzige richtige ABC-Information war der Hinweis auf Syrien.

Mit einem wesentlich gefährlicheren journalistischen Angriff bekam es die Carlos-Clique am 8. Mai 1991 zu tun. Die Hamburger Illustrierte »Stern« druckte auf 13 Seiten die selbst recherchierte »ebenso spannende wie entlarvende Lebensgeschichte von Illich Ramirez Sanchez, genannt ›Carlos‹«: »Der Pate des Terrors«. Im Vorspann hieß es: »Mit seinem Namen verbinden sich Bombenanschläge, Morde und Flugzeugentführungen. Heute lebt Carlos, der meistgesuchte Terrorist der Welt, mit seiner deutschen Frau, einem Kind und einem deutschen Leibwächter als Geschäftsmann getarnt in Syrien.« Nun war es allgemein bekannt. Die Nachricht ging um die Welt, wurde immer wieder zitiert. Sie konnte nicht ohne Folgen bleiben.

Mit der Lufthansa gelangten Exemplare der Zeitschrift auch nach Damaskus. Ein Vertreter von Daimler-Benz blätterte das Heft durch und stockte plötzlich auf den Seiten 28/29. Er rief seinen Kollegen und zeigte ihm das Foto eines relativ gutaussehenden Herrn mit Schnauzbart, Anzug und Krawatte. »Den kennen wir doch. Ist das nicht der Peter Schmidt? Was macht denn der im ›Stern‹?« Im Bildtext hieß es: »Johannes Weinrich war der Freund von Magdalena Kopp, bis er sie an Carlos verlor. Trotzdem blieb er an der Seite des Terrorbosses.«

Eine Lawine kam ins Rollen. Nun wußten die beiden Deutschen, daß sie es mit einem gefährlichen Terroristen zu tun hatten. Zeitweise war kaum ein Tag vergangen, an dem er nicht auf das Firmengelände an der Straße nach Palmyra kam, um irgendwelche Ersatzteile abzuholen oder zu bestellen. Man hatte sich immer gut verstanden, gelegentlich auch privat getroffen. Die Männer konnten sich an gemeinsame Parties erinnern, an das Oktoberfest bei der Lufthansa. Auch an jene seltsame Reaktion, als während eines Festes – deutsche Diplomaten feierten mit – vor dem Haus die Fehlzündung eines vorbeifahrenden Wagens zu hören war. Peter Schmidt hatte sich damals blitzschnell hinter das Sofa geworfen und aus seinem Hüftholster eine Pistole gezückt. Er war eben immer etwas nervös gewesen.

Die beiden Mercedes-Repräsentanten wandten sich mit ihren Beobachtungen an die deutsche Botschaft, wurden aber dort nicht so recht ernst genommen. Vielleicht scheute man den zu erwartenden Verwaltungsaufwand, falls es sich wirklich um Carlos und seine deutschen Helfershelfer handeln sollte. Insider behaupten auch, daß die deutsche Vertretung längst Bescheid wußte, aber den zu erwartenden Ärger mit den Syrern vermeiden wollte.

Da die beiden Botschafter des deutschen Automobilbaus ernstzunehmende Männer waren, mußte ihre Meldung schließlich doch nach Bonn weitergegeben werden. Auch im Auswärtigen Amt reagierte man zunächst abweisend. Bekanntlich ist es die Aufgabe der Bonner Bundesbehörde, jede mögliche Störung der diplomatischen Beziehungen erst einmal abzuwenden. Und Syrien zählt zu den sensibelsten Partnern.

Der Anlaß war bedeutend genug, also wurden der Bundesnachrichtendienst (BND) in Pullach bei München, das Bundesamt für Verfassungsschutz (BfV) in Köln und das Bonner Bundesinnenministerium (BMI) eingeschaltet. Köln und Bonn wußten von nichts, und Pullach verhielt sich – wie in solchen Fällen üblich –

abwartend. Keiner wollte vorerst konkret Stellung nehmen.

Inzwischen stand in Damaskus der Staatsbesuch des österreichischen Bundespräsidenten Kurt Waldheim an. Das kam den um westliche Anerkennung ringenden Syrern gelegen. Da die Beziehungen zwischen beiden Ländern exzellent waren und Waldheim als Freund der Araber galt, schien keine Gefahr zu drohen. Doch bei der Pressekonferenz von Informationsminister Mohammed Salman brachten Journalisten aus der Waldheim-Begleitmannschaft das unerfreuliche Thema plötzlich zur Sprache. Sie forderten eine Stellungnahme zum wenige Wochen vorher veröffentlichten »Stern«-Bericht. Assads Öffentlichkeitsarbeiter war gekränkt: Haltlose und gemeine zionistische Verleumdungen seien das. Es gebe in Damaskus keinen Carlos. Wer es besser wisse, der solle doch sein Haus zeigen. Niemand war dazu in der Lage.

Das Feuer loderte auf kleiner Flamme, und die Syrer dachten über Abwehrmaßnahmen gegenüber neugierigen Ausländern nach. Eines konnten sie jedoch nicht verhindern – den Besuch von zwei Beamten aus der Terrorismusabteilung des Bundeskriminalamts (BKA). Die beiden Fachleute hatten Marschbefehl bekommen, nachdem das Innenministerium die seltsamen Informationen der Daimler-Benz-Vertreter vorsichtshalber doch nach Wiesbaden weitergemeldet hatte. Nun trafen sie in Syrien ein, merkten, daß sie der Botschaft ungelegen kamen, und besuchten die beiden Augenzeugen.

Rasch zeigte sich, daß die Informationen sehr ernst zu nehmen waren. Die Vertreter der Firma mit dem Stern kannten Carlos, Kopp und Weinrich. Vor allem die beiden Männer schilderten sie als ziemlich trinkfreudige und trinkfeste Bar-Hocker. Ein Detail fügte sich ans andere.

Einige Zeit später sollte auch ein BMW-Vertreter noch befragt werden. Er bestätigte alles, was seine Kollegen gesagt hatten. Auch bei ihm ging der Lebemann Weinrich ein und aus. Einmal hatte er ein bißchen mehr über sich erzählt und dabei erwähnt, er habe nach seiner Ankunft in Syrien zuerst Palästinenser ausgebildet.

Weinrich erfuhr innerhalb weniger Tage, wer sich für ihn interessierte. Er wußte auch, mit wem die BKA-Fahnder gesprochen hatten. Als die Daimler-Beauftragten etwas später – die Reise war lange vorher geplant – nach Deutschland flogen, kam er persönlich zum Flughafen und bedrohte sie. Sie wüßten wohl, sagte der Terrorist, daß sie sich in Deutschland zu benehmen hätten. Ansonsten könnte es schlimme Folgen für sie haben. Die beiden Vertreter wurden kurz darauf von ihrer Firma aus dem gefährlichen Syrien abberufen. Vorher hatten sie aber noch eine leere Schachtel »Lucky Strike«, die Weinrich in einen Papierkorb geworfen hatte, beschafft. Alles stimmte, seine Fingerabdrücke waren auf der Box.

Mitte Juni kam es in Bonn zu einer denkwürdigen Sitzung. Gastgeber war der Leiter Innere Sicherheit beim BMI. Es trafen sich zwei Vertreter des Auswärtigen Amtes, ein Vertreter des BND, zwei Männer vom BKA und ein Abgesandter des Berliner Staatsschutzes. Die Justiz war nicht dabei, aber informiert und hatte ihre Wünsche bereits schriftlich geäußert. Wie Teilnehmer der Runde später glaubhaft versicherten, bauten sich rasch zwei Lager auf.

Die Diplomaten weigerten sich, die Neuigkeiten zu glauben. Sie sahen keine Möglichkeit, an die Syrer

164

heranzutreten und verlangten erst einmal hieb- und stichfeste Beweise. Der BND-Mann versicherte mehrfach, daß er eigentlich nicht zuständig sei (»Ich komme von der Auswertung, nicht von der Aufklärung«) und war bei allgemein bekannten Zusammenhängen überfordert. Er bildete zusammen mit den Leuten vom Auswärtigen Amt die Bremserfraktion. Beide Behörden waren sich in einem Punkt einig: Die Ergreifung der Topterroristen und ihre Auslieferung an die deutsche Justiz könnte eine gefährliche Situation schaffen. Mit Anschlägen und Geiselnahmen sei zu rechnen. Den Zweiflern gesellte sich später der für die Taten der Revolutionären Zellen zuständige Bundesanwalt hinzu, der nur Aktionen unterstützen wollte, bei denen es schwerpunktmäßig um seine Klientel ging und nicht um den Venezolaner Carlos.

Die ausweichende Haltung des Auslandsnachrichtendienstes lag in der Person des zuständigen Mitarbeiters begründet: Heinrich Hellmann, bis April 1994 zuständig für Nah- und Mittelost (Unterabteilung 16), blockierte die konzertierte Aktion der Bundes- und Landesbehörden. Die beteiligten Dienststellen sagen heute: »Seit der Hellmann an die Botschaft in Washington abgeschoben wurde, klappt die Kooperation mit seiner früheren Unterabteilung ausgezeichnet. Jetzt sitzen wir alle in einem Boot.«

Zielbewußt und gut informiert gingen die beiden Kriminalbeamten aus Wiesbaden und der Vertreter des Berliner Staatsschutzes vor. Als die Diplomaten von »fadenscheinigen Argumenten« sprachen, die Zeugenaussagen nicht gelten lassen wollten und an den Fall des in Damaskus untergekommenen Nazi-Verbrechers Alois Brunner erinnerten (auch in diesem Fall hatten die Syrer alles zurückgewiesen), präsentierten die

BKA-Vertreter ihre Trumpfkarte, die Zigarettenschachtel.

Nun kontaktierte man Wien und Paris. In Wien meldete sich der zuständige Beamte vor lauter Schreck erst einmal krank. Fünf Tage später übermittelte er ein zögerliches Ja: Die Österreicher wollten Carlos haben, wenn es sich nicht vermeiden ließe. Sie schienen allerdings sehr unglücklich darüber zu sein. Die Franzosen bekundeten gleich ihr offizielles Interesse, blieben aber ebenfalls wortkarg. Die Aussicht, Carlos eventuell festnehmen zu können, schien ihnen damals nicht geheuer zu sein.

Im Rahmen weiterer Bonner Gespräche zeigte sich, daß deutsche Geschäftsleute in Damaskus bereits im Herbst 1990 erste Informationen über die Terroristen an die Botschaft und damit an den damaligen BND-Residenten gegeben hatten. Die Nachrichten hatten Pullach erreicht, waren aber nicht weitergereicht worden. Die Bonner Tagungsrunde kam zu keinem Ergebnis, weil das Auswärtige Amt auf Zeit spielte. Die Berliner Justizsenatorin Jutta Limbach meldete sich zu Wort und forderte von den Bonnern, die Auslieferung der beiden Terroristen aus Damaskus zu verlangen.

In der Zwischenzeit erkrankte der bundesdeutsche Botschafter in Syrien, Georg Schlingensiepen. Nach einer Notoperation wurde er in die Heimat geflogen. Sein Vertreter, Albert Gisy, war aus der Abteilung, die sich mit Brüssel und dem Europarat beschäftigt, zugewiesen worden. Als er mit dem Thema konfrontiert wurde, beschloß er, davon nichts zu wissen. Gisy verschleierte auch die Ermittlungen der beiden BKA-Beamten. Seine Version besagte, sie seien Rauschgiftfahnder und hätten sich mit der Lage im Libanon beschäftigt.

Im übrigen, so erklärte der Diplomat, sei dieser Komplex Chefsache. Damit meinte er nicht seinen Botschafter, sondern den Außenminister Hans-Dietrich Genscher. Und der hatte die Parole ausgegeben, die Syrer zu schonen. Mit dieser Taktik kam das Auswärtige Amt noch einige weitere Monate über die Runden.

Der Krisenstab selbst geriet in eine Krise. Die Fronten waren bald verhärtet und die Terrorfahnder stocksauer. Einer von ihnen machte seinem Ärger Luft: »Seit dem Rohwedder-Anschlag stehen wir unter größtmöglichem Druck der Industrie. Trotzdem kommen wir mit der Suche nach den Tätern nicht weiter. Hier haben wir nun zwei hochkarätige Terroristen und können alle Fakten, einschließlich der richtigen Adresse, präsentieren. Und nun wird das von politischer Seite vollkommen ignoriert.« Systematisch wurden rückreisende Geschäftsleute befragt. Immer mehr Teilchen fügten sich zu einem großen Puzzle. Das Auswärtige Amt erklärte sich nach langer Bedenkzeit bereit, die anonymisierten Protokolle dem syrischen Außenminister Faruk Shara zuzuleiten.

Das Auslieferungsgesuch vom Sommer 1991 blieb wegen außenpolitischer Bedenken im Auswärtigen Amt stecken. Da die Syrer in solchen Angelegenheiten sehr feine Sensoren haben, entschlossen sie sich, mit der Anwesenheit von Carlos kein Risiko mehr einzugehen. Inzwischen fragten nämlich auch bereits die neuen amerikanischen Freunde nach dem gesuchten Terroristen.

Als Reaktion auf die Medienberichte legten sie Carlos und seinen Leuten im September 1991 nahe, das Land zu verlassen. Sie buchten Flüge und transportierten die Gruppe zum Flughafen. Es war der 21. September, und der unfreiwillige Trip mit Syrian Air

359 führte nach Tripolis. Der Pilot teilte den Libyern nach der Landung mit, daß vier seiner Passagiere jemenitische Diplomatenpässe hätten, und daß sie eine Tasche mit Waffen einführen wollten.

Es handelte sich um Carlos, der unter dem Namen Abdou Rabo Ali Mohamed reiste, um Magdalena (Salwa Abdallah Ibrahim) und ihre Tochter Rosa, um Carlos' Mutter Elba Maria Sanchez – sie hatte einen marokkanischen Paß auf den Namen Abla Mohamed – um den Finanzexperten der Gruppe, Nabil Jarjis Darbali, und einen weiteren Mann, dessen Identität unklar ist.

Zum Reisegepäck zählten zwei italienische Pistolen ohne Seriennummern, acht Ersatzmagazine und drei Handgranaten. Darüber hinaus entdeckten die libyschen Zöllner eine Million Dollar in Scheinen und eine größere Menge Schmuck. Im Protokoll der Flughafenpolizei heißt es lapidar: »Nach der Überprüfung der Akten und weiterer Ermittlungen stellte sich heraus, daß es sich bei Abdou Rabo Ali Mohamed um den internationalen Terroristen namens Carlos handelte.« Dies war sogar den hartgesottenen Libyern zuviel.

Sie wußten, daß sie sich mit dem Carlos-Clan viel Ärger ins Land holen würden. Wegen des Anschlags über Lockerbie hatten sie ohnehin schon einschlägige Probleme. Also sandten sie die kleine Gruppe mit derselben Maschine wieder nach Damaskus zurück.

Einen Monat später soll Carlos gleichfalls erfolglos versucht haben, im Jemen unterzukommen. Seine alten Freunde, Vizepräsident Ali Salem al Beid und der frühere Geheimdienstminister Said Saleh Salim, scheinen nach der Wiedervereinigung des nördlichen mit dem südlichen Jemen Wichtigeres zu tun gehabt zu haben, als Carlos bei sich unterzubringen.

In Deutschland kam es erst am 2. Oktober 1992 wieder zu konkreten Entwicklungen. Die Berliner Justiz übermittelte ihr sechzehn Monate altes Anliegen dem Bundesjustizministerium. Das Schreiben landete bei Ministerialrat Wilkitzki. Sein einstiger Chef, in dessen Amtszeit dieser Vorgang begonnen hatte, war inzwischen Außenminister, stand also hervorragend im Stoff. Mit Schnellbrief des Justizministeriums ging das Gesuch am 13. Oktober 1992 an das Auswärtige Amt.

Weitere sieben Tage später wies das Außenamt die Botschaft in Damaskus an, »wegen der besonderen Bedeutung der Angelegenheit«, das Ersuchen »durch den Botschafter persönlich« im Außenministerium zu übergeben. Schließlich stand der mittlerweile zurückgekehrte Botschafter Schlingensiepen am 3. November vor dem Leiter der Rechtsabteilung im syrischen Außenamt. Er versicherte ihm, es handle sich um ein »dringendes Anliegen der Bundesregierung«.

Botschaft
der Bundesrepublik Deutschland
Ambassade
de la République fédérale d'Allemagne

Pol/RK 555.30
Note Nr. 549/92

Verbalnote

Die Botschaft der Bundesrepublik Deutschland beehrt sich, daß Außenministerium der Arabischen Republik Syrien zu begrüßen und bittet die Regierung der Arabischen Republik Syrien um Mithilfe in der folgenden Angelegenheit:

*Die Botschaft der Bundesrepublik Deutschland ersucht
die Regierung der Arabischen Republik Syrien,*

> *den venezolanischen Staatsangehörigen
> Ilitch Ramirez Sanchez
> geb. am 12.10.1949 in Caracas,
> Deckname »Carlos« bzw. »Salem«,*

sowie den

> *deutschen Staatsangehörigen
> Johannes Weinrich,
> geb. am 21.7.1947 in Brakel-Höxter,*

*beide vermutlich in Damaskus aufhältlich, zur Straf-
verfolgung wegen der im Haftbefehl des Amtsgerichts
Tiergarten in Berlin aufgeführten Straftaten auszuliefern, die Verfolgten bis zum Vollzug der Auslieferung in Auslieferungshaft zu nehmen und zu halten und
bei dem Vollzug der Auslieferung mitzuteilen, während welcher Zeit die Verfolgten in Syrien allein wegen des Auslieferungsersuchens in Haft gehalten worden sind.*

*Die Botschaft der Bundesrepublik Deutschland si-
chert der Regierung der Arabischen Republik Syrien
zu,*

> a) *daß die Bundesregierung auch ihrerseits bereit
> ist, in Syrien wegen gleicher oder ähnlicher
> Straftaten verfolgte Personen, die nicht die
> deutsche Staatsangehörigkeit besitzen, unter
> den Voraussetzungen und Bedingungen auszu-
> liefern, die im inner staatlichen Auslieferungs-
> gesetz festgelegt sind,*

b) *daß die ausgelieferten Personen*

  aa) *in der Bundesrepublik Deutschland ohne Zustimmung der syrischen Regierung aus keinem vor ihrer Überstellung eingetretenen Grund mit Ausnahme der Taten, deretwegen die Auslieferung bewilligt worden ist, bestraft, einer Beschränkung ihrer persönlichen Freiheit unterworfen oder durch Maßnahmen, die nicht auch in Abwesenheit getroffen werden können, verfolgt werden,*

  bb) *in der Bundesrepublik Deutschland nicht ohne Zustimmung der syrischen Regierung an einen dritten Staat weitergeliefert, überstellt oder an einen dritten Staat abgeschoben werden und*

  cc) *die Bundesrepublik Deutschland nach dem endgültigen Abschluß des Verfahrens, dessentwegen die Auslieferung bewilligt worden ist, verlassen dürfen,*

c) *daß eine etwa zu verhängende Strafe nicht aus politischen, militärischen oder religiösen Gründen verhängt oder verschärft wird und*

d) *daß die in Syrien erlittene Auslieferungshaft nach Maßgabe der deutschen Gesetze auf eine etwa zu verhängende Strafe angerechnet wird.*

Die Botschaft der Bundesrepublik Deutschland beehrt sich der Regierung der Arabischen Republik Syri-

en mitzuteilen, daß beabsichtigt ist, die Verfolgten von deutschen Beamten in Damaskus abholen zu lassen und sie auf Kosten der deutschen Strafverfolgungsbehörden auf dem Luftweg in die Bundesrepublik Deutschland zu überstellen.

Die Botschaft der Bundesrepublik Deutschland benutzt diesen Anlaß, das Außenministerium der Arabischen Republik Syrien erneut ihrer ausgezeichneten Hochachtung zu versichern.

Damaskus, den 31. Oktober 1992
DB/mi
L.S.

Die deutsche Botschaft in Damaskus meldete um 16.06 Uhr Vollzug. Im selben Telex ließ die Vertretung erkennen, daß sie an das Thema mittlerweile ohne Scheu heranging. Es gebe neueste Erkenntnisse, hieß cs, daß Carlos in einer Fallschirmjägerkaserne im Damaszener Vorort Adra untergebracht sei. Er habe Bleiberecht in Syrien. Doch seien ihm alle Aktivitäten untersagt.

Einen Tag später meldete sich das Auswärtige Amt erneut. Die Botschaft wurde gebeten, die französischen Kollegen zu unterrichten und um ein paralleles Vorgehen zu bitten. Schließlich gebe es ja ein Abwesenheitsurteil vom 1. Juni 1992.

An jenem Tag war Illich Ramirez Sanchez von einem Pariser Gericht wegen des Mordes an zwei französischen Geheimagenten und des versuchten Mordes an einem Mitarbeiter des DST in Abwesenheit zu lebenslanger Haft verurteilt worden. Das Gericht befand den Venezolaner für schuldig, am 27. Juni 1975 Raymond Dous und Jean Donatini getötet zu haben, die zu diesem Zeitpunkt zwei Anschläge auf Flugzeuge der israelischen Fluggesellschaft El Al auf dem Pariser Flughafen Orly untersuchten.

Rückblende: Im Sommer 1992 hatte Helmut Voigt wieder einmal Sehnsucht nach seiner attraktiven Frau Karla. Die ehemalige Kollegin aus MfS-Zeiten bereitete sich also darauf vor, ihn zu besuchen. Sie schlug Haken und flog Umwege, um schließlich in den ersten Septembertagen in Athen anzukommen. Was sie nicht wußte: Ihre Verfolger vom Bundeskriminalamt saßen in derselben Maschine.

Helmut Voigt hatte im Hotel »Balasca« im Stadtzentrum von Athen unter dem Namen Alfred Hermann eingecheckt. Gegen Mitternacht holte er seine Frau am Flughafen ab und brachte sie in das Zimmer 510. Die Fahnder triumphierten, ließen das Paar jedoch die Nacht über allein. Am frühen Morgen erfolgte der Zugriff. Der ehemalige Stasi-Oberstleutnant wurde in das berüchtigte Staatsgefängnis Korydallos gebracht. Ein Auslieferungsgesuch der deutschen Justiz traf ein und wurde in gewohnt langsamer Manier bearbeitet. Am 15. Juli 1993 durfte der bullige Voigt mit der Lufthansa von Athen nach Berlin fliegen, um sich sofort in einem neuen Gefängnis einzurichten – diesmal in Moabit.

Festnahme und Rückkehr von Voigt wurden als großer Erfolg gewertet. Trotzdem wuchs die Frustration bei der Berliner Justiz von Monat zu Monat. Als auch im Sommer 1994 noch keine Antwort aus Damaskus vorlag und die Bonner Diplomaten keinen Versuch unternahmen, die Syrer zu beeinflussen, setzte der gemeinhin eher zurückhaltende Generalstaatsanwalt Dieter Neumann ein deutliches Zeichen. In einem »Spiegel«-Interview ließ er Dampf ab:

»Zunächst hakt es daran, daß die Syrer gar nicht daran denken, unserem Ersuchen stattzugeben. Aber auch Bonn ist da nicht schuldlos: Es ist eine Sache, ob ich eine diplomatische Note einfach abgebe, und eine andere, ob ich Druck mache. Ich vermisse, daß Bonn sagt: Die Verfolgung ist uns so wichtig, daß die Politik bereit wäre, eine härtere Gangart einzuschlagen. Der syrische Außenminister war ja unlängst in Bonn, aber da ist immer nur Keep-smiling.«

Der »Spiegel« darauf: »Sie fühlen sich von Bonn im Stich gelassen?« Dieter Neumann: »Ich lebe ja auch nicht auf dem Mars. Die Politik geht manchmal andere Wege. Aber ich gebe zu bedenken, daß wir mit dem Terrorismus sicher nicht fertig werden, wenn wir die Taten nicht konsequent verfolgen. Wenn führende Terroristen, die auf der ganzen Welt gefürchtet sind, nach Ablauf von einigen Jahren davon ausgehen können, daß sie in Ruhe gelassen werden, dann haben wir die Schlacht von vornherein verloren.«

Was der Generalstaatsanwalt am Berliner Kammergericht noch nicht wußte: Carlos und Magdalena hatten sich im Oktober 1992 wegen der neuen, jungen Freundin des Topterroristen a.D. getrennt. Johannes Weinrich alias Peter Schmidt konnte sich mit dieser Situation nicht abfinden, da er sowohl an dem Kind Rosa als auch an seiner ehemaligen Freundin Magdalena hing. Also sagte sich Weinrich von Carlos los. Carlos sorgte dafür, daß seine Tochter die venezolanische Staatsbürgerschaft bekam. Bei dieser Gelegenheit legte er in der venezolanischen Botschaft in Beirut seine Heiratsurkunde vor. Mutter und Tochter flogen im Oktober 1992 zur Familie Ramirez Sanchez und leben seither unter deren Schutz. Bis zur Festnahme von Carlos hatte Magdalena Kopp einen festen

Wohnsitz in Valencia, Venezuela. Ihr Gesuch auf Einbürgerung hatte sie in Caracas eingereicht.

Carlos benötigte noch einige Monate, um seine Abreise aus Syrien vorzubereiten. Anfang 1993 war es dann soweit. Nach Informationen aus Venezuela soll er einen geheimen Abstecher in sein Heimatland unternommen haben. Er kam aus Brasilien und wollte abklären, ob auch er sich in Venezuela zur Ruhe setzen könnte.

Carlos vertraute auf die alten Familienkontakte zum damals noch amtierenden Staatspräsidenten Carlos Andres Perez. Perez war in den 70er Jahren ein Hoffnungsträger für viele Menschen gewesen, da er den dritten Weg zwischen Kapitalismus und Sozialismus propagiert hatte. Viele Jahre galt er als Garant für den demokratischen Weg in Lateinamerika.

Anfang 1993 neigte sich in Venezuela die Ära Carlos Andres Perez ihrem Ende zu. Der Siebzigjährige, 1989 ein zweites Mal gewählt, geriet unter Korruptionsverdacht. Der Hauptvorwurf lautete, er habe umgerechnet über 30 Millionen Mark aus einem Geheimfond der Regierung unrechtmäßig verwendet. Ein großer Teil des Geldes sei für ein Insider-Devisengeschäft mißbraucht worden. Perez beteuerte unter Tränen seine Unschuld und wurde im Mai von seinem Amt suspendiert. Unter Hausarrest mußte er die weitere Entwicklung abwarten.

Im Mai 1994 wurde Perez auf Anordnung des Obersten Gerichts in Untersuchungshaft genommen. Weder auf ihn, noch auf seinen Nachfolger Rafael Caldera konnte Illich Ramirez Sanchez alias Carlos nunmehr vertrauen. Ohne sichere Protektion von höchster Stelle zerschlug sich die Idee, in das – wegen der zerrütteten Wirtschaft – von blutigen sozialen Unruhen erschütterte Venezuela zurückzukehren. Da half es auch nichts, daß viele Venezolaner in Carlos den berühmtesten Landsmann seit Simon Bolivár sehen.

Der Terrorist blieb eine Weile in Amman, bevor er am 15. August nach Khartum flog. Das neue Exil, die letzte Phase seines Lebens in Freiheit, hatte begonnen.

12. Khartum II

Über die 365 sudanesischen Tage des Illich Ramirez Sanchez alias Carlos alias Abdallah Barakat wird es wohl noch lange widersprüchliche Gerüchte und Spekulationen geben. Nachrichtenhändler und andere »Experten« verbreiten Informationen, die zumeist schwer nachprüfbar sind. Über vieles könnte letzten Endes nur Carlos selbst zuverlässig Auskunft geben. Es beginnt schon bei der Frage, ob er mit einem libanesischen, jordanischen oder syrischen Diplomatenpaß einreiste. Eine Quelle berichtete sogar, er habe das jemenitische Dokument benutzt, mit dem er zwei Jahre zuvor Libyen besuchen wollte. Der Name: Abdou Rabo Ali Mohamed.

Der französische Nachrichtendienst DST gab inoffiziell bekannt, es sei ein libanesischer Paß gewesen. Aus Kairo verlautete via London, er habe ein jordanisches Dokument gehabt. Die Oppositions-Zeitschrift »Sudan Democratic Gazette«, Ausgabe September 1994, glaubte an die syrische Version. Ergänzend fügte man aber hinzu, daß Carlos bei der Ankunft in Khartum einen sudanesischen Diplomatenpaß ausgestellt bekommen habe. Diesen habe er jedoch nie benutzt, weil er erst in einem französischen Militärflugzeug, und ohne Paß, wieder ausgereist sei.

Auch die sudanesische Regierung wollte unter keinen Umständen mit ihrem Gast in Verbindung gebracht werden. Der Chefredakteur der staatstragenden

Illustrierten »Sudan Focus«, Mohammed Mahjoub Haroun, übernahm die Aufgabe, den Fall zu beschönigen. Natürlich habe seine Regierung nichts von der Anwesenheit des Topterroristen gewußt. Haroun beschrieb, wie »der braunäugige Diplomat mittleren Alters« aus Eritrea eingeschmuggelten Alkohol in seiner für monatlich 900 Dollar gemieteten Wohnung gelagert habe, wie er aus einem seiner beiden Schlafzimmer eine »Bar im arabischen Stil«, mit einer dicken Matte auf dem Fußboden, gemacht habe. Eine Bar im arabischen Stil...

Carlos wird in Harouns Artikeln als ein fleißiger Beobachter des Weltgeschehens beschrieben. Der Leser sieht ihn förmlich, wie er in seiner langen, blauen Robe sudanesischer Machart durch das feine Meridien-Hotel wandelt, wie er die Kellner mit einem herzlichen »Salamat« begrüßt, im Café ein Croissant, eine Blätterteigkreation mit Fruchteinlage und seinen geliebten Cappuccino ordert.

Haroun, ein Mitglied des sudanesischen Volkskomitees und Funktionär der Nationalen Islamischen Front, der 1991 in London als Terrorismus-Verdächtiger kurzzeitig inhaftiert war, versuchte mit seinen Mitteln, das wohlgefällige Bild eines Landes zu zeichnen, das mit Südfrankreich oder Italien als Tourismusparadies konkurrieren könnte. Keine Rede davon, daß auf Alkoholbesitz die Prügelstrafe steht und schon kleinen Dieben die Hand abgehackt wird. Keine Rede davon, daß Carlos den Tod von 83 Menschen zu verantworten hat und im Sudan, wo jeder jeden bespitzelt und die Geheimdienste alles genauestens überwachen, wenigstens anfangs wohlgelitten war.

Die »Sudan Democratic Gazette« berichtete, die Nationale Islamische Front habe Carlos als eine Art

Gastgeschenk die bildhübsche Witwe eines hohen Offiziers zur Verfügung gestellt. Zeinab sei ihr Name, und der zum Islam bekehrte Carlos habe sie sofort geheiratet. Dies sei dem heranwachsenden Sohn der Dame ein Dorn im Auge gewesen. Er habe ein Ende der unanständigen Liaison gefordert. Erst ein persönliches Gespräch mit Hassan Turabi habe den jungen Mann zur Vernunft gebracht. Fortan habe Zeinab bei Carlos in der Wohnung Nummer 1, Straße 35, Khartum First Class Extension, gelebt, die jordanische Nebenbuhlerin Lana dagegen in einer Hotelsuite. Der Lebemann sei zum Pendler geworden – amouröse Geschichten aus der Welt des radikalen Islam.

Während Carlos – wie man heute aus nicht erkennbaren Gründen glauben machen will – am Nil ein süßes Lotterleben führte, saß sein Ex-Freund und Ex-Gönner Helmut Voigt in einer kargen Zelle der traditionsreichen Berliner Haftanstalt Moabit und verlor Kilo um Kilo an Gewicht, das er während seines langen griechischen Fluchturlaubs zugelegt hatte. Schließlich mußte er am 12. Januar 1994 vor seine Richter treten. Statt des wirrbärtig-übergewichtigen Mannes aus dem Athener Korydallos-Gefängnis, präsentierte sich nach siebzehn Monaten Untersuchungshaft ein gestylter, abgespeckter Managertyp. Der Ex-Oberstleutnant gab sich äußerlich souverän, wußte aber sehr wohl, daß er gegen Windmühlenflügel kämpfte. Die Anklage war bestens vorbereitet, die Beweislage eindeutig.

Bei dem Verfahren vor der 29. Großen Strafkammer des Landgerichts Berlin ging es allein um den Komplex »Maison de France« und damit um Carlos. Die Komplizenschaft mit der RAF blieb »nur eine Illustration am Rande«, so der zuständige Oberstaatsanwalt Detlev Mehlis. Seit der Wende hatte sich die Bundesanwaltschaft in Karlsruhe darum gekümmert, die pikante Materie aber nie in den Griff bekommen. Ein Justizsprecher: »Das Übungsschießen der RAF bei der Stasi war nach DDR-Recht nicht strafbar und wird deshalb vom Einigungsvertrag geschützt.«

Helmut Voigt gab sich am ersten Verhandlungstag selbstsicher und verweigerte die Aussage. Seine Anwälte und er hielten die Beweislage für dünn. Das änderte sich, als die Anklage eine Trumpfkarte aus dem Ärmel zog: Nabil Shritah, zur Tatzeit 3. Sekretär der syrischen Botschaft in Berlin-Ost, Mann des Luftwaffengeheimdienstes, nebenamtlicher Zigarettenschmuggler und zuletzt Bürochef des Vizepräsidenten Abdul Halim Khaddam.

Ein Ermittler des Bundeskriminalamts hatte den Dreiundvierzigjährigen zu mehreren Vier-Augen-Gesprächen in das Budapester Forum-Hotel bestellt und ihm klargemacht, daß er sich als wichtigster Mitwisser und Augenzeuge in akuter Lebensgefahr befand. Er bot ihm eine Reise nach Berlin an. Nabil Shritah willigte ein und meldete sich bei der deutschen Botschaft in Budapest. Am Vormittag des 9. Januar traf er mit Lufthansa-Flug 2404 in Berlin-Tegel ein und wurde sofort wegen Beihilfe zum Mord verhaftet. Seit dem 7. Oktober 1983 hatte die entsprechende Order des Amtsgerichts Tiergarten bereitgelegen. Der Kronzeuge in spe beantragte bei dieser Gelegenheit Asyl.

Als er am 7. Februar unter hohen Sicherheitsvorkehrungen aussagte, belastete der Syrer Carlos, Weinrich und auch Voigt. Seine eigene Regierung bekam ebenfalls einige Schrammen ab. Die Ostberliner Botschaft sei kurz vor dem Anschlag aus Damaskus per Fernschreiben angewiesen worden, Weinrich »jede mögliche Hilfe« zu gewähren. Der Terrorist sei dann unmittelbar nach der Explosion in die Botschaft gekommen und habe erklärt: »Ich habe es eben vollbracht.«

Shritah kannte Weinrich nur als »Jean« und Magdalena Kopp als »Maria«. Für die Bande bewahrte er in seinem Büro auf Dauer einen Koffer mit einer Maschinenpistole, einer Pistole und mehreren Päckchen Sprengstoff auf. Wenn Weinrich in der DDR weilte, trug er die Pistole bei sich, vor der Abreise hinterließ er sie in der syrischen Botschaft, Otto-Grotewohl-Straße 3, in der Nähe des Brandenburger Tores. Ohne Waffe, so Shritah, habe sich der Mann »nackt« gefühlt.

Der einundfünfzigjährige Voigt wurde auch von zwei seiner ehemaligen Kollegen belastet. Der Ex-Stasi-Hauptmann Wilhelm Borostowski versicherte, Voigt habe bereits ab dem 4. Mai 1983 gewußt, daß die Gruppe um Carlos einen Anschlag auf das französische Kulturzentrum in Westberlin plane – also dreieinhalb Monate vor der Tat. Voigts früherer Vorgesetzter Oberst Harry Dahl bestritt, die Rückgabe des Sprengstoffs an Johannes Weinrich angeordnet zu haben. Voigt habe darüber alleinverantwortlich entscheiden dürfen.

Der ehemalige Vizeminister Gerhard Neiber, früher einer der am besten Informierten, bekundete vor Gericht weitreichende Ahnungslosigkeit. An eines konnte er sich aber doch noch erinnern: Die Syrer hätten starken Druck auf die Ostdeutschen ausgeübt und schließlich die Herausgabe des Sprengstoffs erreicht. Als letzter Zeuge sagte Honeckers Nachfolger Egon Krenz aus. Für ihn war die Rückgabe des Sprengstoffes lediglich eine »Panne« und der Vorwurf einer Beteiligung der DDR an Terroranschlägen »absurd«.

Helmut Voigt wurde am 11. April zu vier Jahren Haft verurteilt. Der Vorsitzende Richter Wolfgang Hüller bezeichnete es als einen »Skandal«, daß mit Voigt nur ein »Gehilfe« bestraft werden könne, während die »Drahtzieher und Hauptverantwortlichen« trotz eines Auslieferungsantrages »frei und unbehelligt« in Damaskus lebten. Die syrische Regierung habe seinerzeit den Terrorismus unterstützt und tue dies weiterhin. Es sei »hier an der Zeit, internationalen Druck auszuüben«. Ein klares Wort für taube Bonner Ohren.

Der Mittäter an dem Berliner Anschlag durfte nach der Urteilsverkündung als vorläufig freier Mann das Gerichtsgebäude verlassen. Seine Verteidiger kündigten nämlich Revision an. Der Haftbefehl wurde vom Gericht aufgehoben, weil man bei Voigt nicht von weiteren Fluchtplänen ausgeht. Die griechische Haft wird wegen der extremen Bedingungen in dem Athener Gefängnis doppelt auf das Strafmaß angerechnet. Bleiben noch zwei Jahre und sieben Monate. Die Berliner Justiz erwartet, daß Voigts Revision beim Bundesgerichtshof ins Leere laufen wird, und daß dem ehemaligen Stasi-Oberstleutnant ab 1995 noch gute eineinhalb Jahre Gefängnis bevorstehen. Im übrigen muß Voigt nicht nur die immensen Prozeßkosten, sondern auch die aufwendigste Fahndung der deutschen Kriminalgeschichte bezahlen.

Möglicherweise dachte Helmut Voigt an ausgleichende Gerechtigkeit, als er im August von der Festnahme des ihm einst nahestehenden Carlos hörte. Auch über dieses Ereignis werden immer wieder neue Versionen gestreut. Die Sudanesen sagen, Carlos habe auf ihrem Territorium Verbrechen gegen ausländische Einrichtungen begehen wollen. Um nicht in den Verdacht zu geraten, daß man Terroristen unterstütze, habe man zügig handeln müssen und sich deshalb mit den Franzosen über die Ausweisung von Carlos geeinigt.

Eine neue Medienversion der Umstände seiner Festnahme besagt, daß er sich bereits am Samstag, dem 13. August, in die Obhut des Krankenhauses Ibn Khaldoun begeben habe. Er habe sich Fett absaugen beziehungsweise seine Zeugungsfähigkeit stabilisieren lassen wollen. Während der Narkose seien Sicherheitsleute – darunter seine eigenen Leibwächter – gekommen und hätten ihn in ein Haus gebracht, wo er den ganzen Sonntag über in benommenem Zustand bleiben mußte. Hier, so hätten sie ihm gesagt, könne er sich in Ruhe von der Operation erholen. Am Abend hätten sie ihn in einen Leichensack gesteckt und dem seit drei Tagen wartenden französischen General Philippe Rondot übergeben.

Was bekamen die Sudanesen für die Auslieferung? Diese Frage läßt sich nur auf höchster Regierungsebene in Paris und Khartum beantworten. Selbst die Vertreter beider Geheimdienste wurden darüber nicht informiert. Es gibt zahlreiche Spekulationen, die sicherlich einen wahren Kern haben. Die Franzosen sollen sudanesischen Soldaten den Weg durch zentralafrikanisches Territorium geöffnet haben. Dadurch wird es möglich, die Rebellen des Südens in einer Zangenbewegung zu packen. Die Regierung Mitterand soll auch Luftaufnahmen der Militärstellungen und -verstecke des rebellischen Südens zur Verfügung gestellt haben. Die militärischen Erfolge des Jahres 1994 gegen die Sudanesische Volksbefreiungsarmee (SPLA) könnten als Bestätigung für diese Vermutungen dienen.

Und dann das Routinegeschäft: Wirtschaftshilfe, Militärhilfe, Kooperation zwischen den Geheimdiensten, eine Öffnung der Europäischen Union für den isolierten Sudan, ein gutes Wort bei den Amerikanern, was Sudans Plazierung auf der Liste der Terrorunterstützer betrifft. Schon im Juni hatte Frankreich gegen den Ausschluß des Sudan vom Internationalen Währungsfond gestimmt. Der Erdölkonzern Total will im Südsudan aktiv werden, die Marseiller Firma GTM einen Nilkanal bauen, die Bergbaugesellschaft BRGM im Nordosten Gold schürfen. Alles ist möglich, alles ist üblich. Und niemand erwartet, daß eine Beute von der Größenordnung des Carlos umsonst zu haben ist. Die exakten Hintergründe werden die Chronisten der französischen Zeitgeschichte liefern müssen – oder vorlaute Minister einer neuen sudanesischen Regierung nach dem nächsten Putsch.

13. Paris II

Dem kleinen Militärflughafen Villacoublay bei Paris kann Carlos nicht viel abgewinnen. Er ist noch benommen von den starken Beruhigungsmitteln, als die Sondermaschine des DGSE am Morgen des 15. August 1994 um 10.15 Uhr landet. Nun weiß er endlich, daß er sich nach beinahe zwanzig Jahren wieder in Frankreich befindet. Triumphierende Gesichter, als er aussteigt. General Philippe Rondot, der ihn im Sudan ausspioniert und schließlich abgeholt hat, Jean-François Clair, Leiter der Terrorabwehr bei der DST. Es sind seine schlimmsten Feinde, und sie bestaunen ihn wie ein seltenes Tier. So fühlt er sich wohl auch.

Eine Polizeieskorte bringt ihn in die Rue Nelaton, in die Zentrale der DST. Dort wartet Philippe Parant, Chef von 1300 DST-Agenten, ein Mann, der die Morde in der Rue Toullier nie aus seinem Gedächtnis gelöscht hat. Nach einer zweistündigen Vernehmung wird der Terrorist unter starker Bewachung im Untersuchungsgefängnis Santé im 13. Arrondissement abgeliefert.

Noch an diesem Vormittag verkündet das Innenministerium die Sensation des Tages: Carlos befindet sich in der Hand der französischen Justiz. Weitere Einzelheiten folgen auf einer Pressekonferenz des Innenministers Charles Pasqua am Nachmittag. Der bullige Korse triumphiert. Als Innenminister hat er wieder einmal Außenminister gespielt – und gewonnen. Ein

Erfolg wie die Festnahme von Carlos kann seine Chancen auf das höchste Amt der Republik nur steigern. Doch vorläufig hat der Wahlkampf noch nicht begonnen, sind die Kandidaten nicht bestimmt. Jetzt geht es erst einmal um den meistgesuchten Terroristen der Welt. Carlos ist nach vielen Jahren wieder die wichtigste Meldung in allen Nachrichtensendungen.

Am nächsten Tag kommt Richter Jean-Louis Bruguière für einige Stunden aus dem Sommerurlaub zurück. Er läßt sich den Bandenchef im vierten Stock des Justizpalastes vorführen. Carlos ist neu eingekleidet und etwas außer Atem, da er die vier Etagen zu Fuß bewältigen mußte. Er trägt eine weiße Hose, Hemd und einen leichten Pullover. »Da bin ich also, Herr Richter, wie geht's?«, fragt er in fließendem, akzentreichen Französisch. »Und Ihnen?«, lautet die vorsichtige Antwort. »Noch am Leben, für lange!« Die beiden Männer belauern sich und wissen, daß ihnen noch viele Schlagzeilen sicher sind. Carlos bezeichnet Bruguière als »Star«, wendet sich dabei den Leibwächtern zu. Der Gastgeber gibt das Kompliment schlagfertig zurück: »Wir sind unter Fachmännern.«

Der Gefangene hat sich vollständig unter Kontrolle. Er wirkt gefaßt und scheint sein Schicksal akzeptiert zu haben. Zwei Stunden lang spricht der auf großkalibrige Terrorismus-Fälle spezialisierte Richter mit ihm. Er stellt ihm vierundvierzig Fragen und bekommt vierundvierzig mal keine Antwort. Carlos wiederholt stur, er sei illegal nach Frankreich entführt worden. Auch für ihn ist es eine neue Erfahrung. Das erste Mal in seinem Leben sitzt er einem Ankläger gegenüber. Als er die Kammer verläßt, wirkt Carlos nicht mehr so selbstsicher. Auch das Scherzen scheint ihm vergangen zu sein. Bruguière hat ihm die Anklage eröffnet.

Carlos wird sich zuerst wegen des Bombenanschlags vom 22. April 1982 in der Rue Marbeuf verantworten müssen.

Zwei Tage später erteilt Justizminister Pierre Mehaignerie die Anweisung, die Ermittlungen zu zwei anderen Attentaten wieder aufzunehmen – die Anschläge auf den Zug von Paris nach Toulouse am 29. März 1982 und auf dem Bahnhof von Marseille am 31. Dezember 1983. Eine Verurteilung zu lebenslanger Haft wegen der Morde in der Rue Toullier liegt bereits rechtskräftig vor. Carlos braucht sie nur anzutreten.

Vorerst muß er sich an seine neue Umgebung gewöhnen. Wenn das Appartement in Khartum auch verhältnismäßig unansehnlich war, die Zelle im Untersuchungsgefängnis Santé bedeutet einen weiteren großen Verlust an Lebensqualität. Der Mann mit der Haftnummer 258187 P bekommt einen Raum von 2,50 Metern Länge und 1,50 Metern Breite im Erdgeschoß zugewiesen. Die Abteilung ganz in der Nähe der Krankenstation liegt nicht im Isolationstrakt. Sie befindet sich im einzigen Bereich des Gefängnisses, der erst kürzlich renoviert wurde. Zum Hofgang tritt Carlos alleine an. Dann sind die langen Gänge wie leergefegt. Er schläft anfangs nicht gut, weil nachts die Lichter zur Kontrolle eingeschaltet werden.

Carlos mietet sich einen Fernseher und verlangt nach einem Radio. Er liest die Tagespresse sehr ausführlich. Schon in der ersten Woche studiert er das Angebot der Gefängnisbibliothek, findet aber keine Literatur nach seinem Geschmack. Mit seinem Anwalt Jacques Vergès diskutiert er über lateinamerikanische Literatur, über die Autoren Romulo Gallegos, Stasio Rivera und Jorge Luis Borges. Die Gegenspieler in dem Verfahren bereiten sich unterdessen auf einen Prozeß vor, der 1995 für großes Aufsehen sorgen wird.

Da ist Jean-Louis Bruguière, 51. Seit dreizehn Jahren vertritt er die Anklage in höchst brisanten Verfahren, vom Bombenanschlag auf Jo Goldenbergs koscheres Restaurant im Jahre 1982 bis zur Ermordung des ehemaligen Teheraner Ministerpräsidenten Schapur Bakhtiar durch ein Killerkommando des iranischen Geheimdienstes 1991. »Bru-Bru« hat gegen die Action directe ermittelt, gegen palästinensische und libysche Flugzeugattentäter. Die einen sehen den Hobbypiloten als Kreuzritter, die anderen als medienbesessenen »Cowboy«. Für die französische Presse ist er eine aufregende Figur, fachlich ohne Tadel.

Der höchst gefährdete und stark bewachte Bruguière ist ein Magistrat, wie es ihn in Deutschland nicht gibt. Er ist Richter, Polizeiermittler und Ankläger in einer Person. Das gibt ihm die Macht, Telefone überwachen, Häuser durchsuchen, Vernehmungen durchführen und sogar Vorbeugehaft bis zu einem Jahr anordnen zu lassen. Jean-Louis Bruguière begibt sich manchmal selbst auf die Suche nach Fakten und Akten. Im Fall Carlos reiste er nach Budapest und Berlin, studierte dort wochenlang die Archive der früheren Geheimdienste und ließ sich Tausende von Seiten kopieren. Er ist für die Auseinandersetzung mit Carlos gerüstet.

Bruguières Gegenspieler ist der schillerndste Anwalt, den Frankreich zu bieten hat: Jacques Vergès, 69. Maître Vergès wurde in Oubone/Thailand geboren. Der Vater, ein Katalane, war Arzt und Konsul in Oubone. Aus dem Kolonialdienst entlassen, zieht er mit seiner Familie nach Réunion im Indischen Ozean. Raymond Vergès verfaßt einen kritischen Roman über die Kolonialzeit, gründet einen Ableger der französischen Gewerkschaft CGT und wird Abgeordneter der Kommunisten. Seine Söhne Paul und Jacques geraten nach seinem Abbild. Paul gründet 1959 die Kommunistische Partei von Réunion und steht ihr bis heute als Generalsekretär zur Verfügung.

Sein Bruder Jacques, gleichfalls bekennender Kommunist, studiert an der Pariser Sorbonne Geschichte. Vergès wird Studentenfunktionär und Anhänger einer militanten Anti-Kolonialbewegung. Er geht nach Prag und kehrt 1954, vom Tauwetter nach Stalins Tod abgeschreckt, nach Paris zurück, um Jura zu studieren. 1957 vertritt er die zweiundzwanzigjährige algerische Bombenlegerin Djamila Bouhired und rettet sie vor der Guillotine. Der Staranwalt tritt 1963 zum Islam über, heiratet Djamila und läßt sich in Algier nieder. Die Hochzeitsreise führt zu Mao Tse Tung. Nun nennt er sich Mansour Vergès, der Siegreiche. Was immer der Advokat anpackt, er tut es mit absoluter Hingabe. In Algier soll er das Leben eines tiefgläubigen Muslim geführt haben.

Noch während des Algerienkrieges hatte Vergès den heute achtzigjährigen Schweizer Bankier François Genoud kennengelernt. Der Mann aus Lausanne hat nie einen Hehl aus seiner Verehrung für Adolf Hitler gemacht. Gleichzeitig unterstützte er aber immer wieder Anarchisten und ist »Pate« des Schweizer Terroristen und Carlos-Helfers Bruno Breguet. François Genoud unterhält enge Kontakte in den Nahen Osten, stand der PLO stets nahe und finanzierte einst die algerische Befreiungsfront. Mit großer Wahrscheinlichkeit kam Vergès über Genoud an den Carlos-Clan.

Zu den spektakulärsten Mandanten von Vergès zählen Klaus Barbie, der »Schlächter von Lyon«, Bruno Breguet und Magdalena Kopp, der RAF-Anwalt Klaus Croissant, Mohand Hamami von der Action directe, der libanesische Terrorist Georges Ibrahim Abdallah und eine Gruppe von Armeniern, die wegen eines Attentats auf dem Flughafen Orly angeklagt wurde. »Politische Prozesse lasse ich mir nicht bezahlen«, sagt Vergès, »was ich dabei verliere, hole ich mit anderen wieder rein.«

Er vertritt natürlich auch unpolitische Kundschaft – und afrikanische Milliardendiebe. Skrupel kennt Vergès nicht. Eigentlich geht es dem Zyniker auch gar nicht um seine Mandanten. Der Eurasier kämpft immer nur gegen den französischen Staat. Ein Leben lang will er sich für die Erniedrigungen rächen, denen seine Familie ausgesetzt war. In immer wiederkehrenden Schauprozessen ist ihm dafür jedes noch so anrüchige Mittel recht.

Zwischen 1970 und 1978 war Jacques Vergès verschwunden. Bis heute verheimlicht er, was er in jenen Jahren getan hat. Möglicherweise hielt er sich bei Pol Pot in Kambodscha auf – oder auch beim KGB in Moskau. Er sagt dazu nur folgenden Satz: »Ich war auf der anderen Seite des Spiegels, bin kampferprobt und optimistisch zurückgekehrt.«

Im Vorfeld des Verfahrens gegen Carlos ist Maître Vergès selbst in den Strudel der Ermittlungen geraten: In Stasi-Akten fanden sich Hinweise darauf, daß Vergès die Carlos-Bande nicht nur juristisch vertreten, sondern aktiv unterstützt hat. Die Stasi und Carlos verpaßten ihm die Decknamen »Herzog« und »Gabriel«. Unter konspirativen Umständen traf er sich mit den Terroristen. Weinrich notierte 1986: »Gabriel kennt den Code, den unsere Leute brauchen, um nach Damas zu reisen.«

In den Stasi-Papieren wird er als Mittäter des Anschlags auf die Baustelle des französischen Atomkraftwerks Creys-Malville 1982 bezeichnet. Vergès lacht darüber nur. Carlos, so verbreitet er mit besonderem Vergnügen, habe gesagt, bald werde er, der Anwalt, im Gefängnis sitzen. Dann werde Carlos ihm Orangen bringen.

Jacques Vergès wehrt sich gegen die Stasi-Vorwürfe auf seine Art. Nachdem er die Vertretung von Carlos übernommen hatte, beschuldigte er Präsident François Mitterand, 1982/83 seine, Vergès', Ermordung angeordnet zu haben. Diesen Vorwurf bestätigte einer seiner früheren Mandanten, der Ex-Chef der Gendarmerie-Sondereinheit GIGN, Paul Barril. Der übereifrige Terroristenjäger hatte seinen Job verloren, als er bei drei in Paris verhafteten Iren nachträglich Waffen deponierte, um seiner Regierung einen Anti-Terror-Erfolg zu verschaffen. Heute berät er mit seinem Sicherheitsunternehmen »Secrets« afrikanische Potentaten.

Die früheren französischen Geheimdienstchefs Pierre Marion (DGSE) und Yves Bonnet (DST) dementierten die Vergès-Vorwürfe kategorisch. Pierre Marion in einem »Stern«-Interview: »Solche Aktionen zu genehmigen oder zu befehlen, gehörte damals absolut nicht zum Gedankenhorizont der sozialistischen Regierung.« Nur bei Carlos und Abu Nidal habe man im Élysée-Palast eine Ausnahme gemacht. Marion: »Wir haben Herrn Vergès niemals als Bedrohung der Sicherheit Frankreichs betrachtet. Er war auch nie Beobachtungsobjekt oder Ziel unserer Aktivitäten.«

Jacques Vergès zieht an einer seiner dicken Zigarren und denkt bereits über seine nächsten Schachzüge nach. Er bezeichnet Carlos als »kultiviert« und als

»Ehrenmann«, der »aus politischem Idealismus« gehandelt habe. Vergès wörtlich: »Er wird seinen politischen und militärischen Kampf stolz verteidigen, ohne
dabei ins Detail zu gehen.« Das heißt, Carlos will nie-
manden verraten, weder Namen noch Hintergründe
nennen. Der Pariser Prozeß wird es zeigen.

III
Carlos,
Regierungen und Geheimdienste

*»Jeder weiß, daß Carlos in Syrien protegiert wurde.
Daß er in Algerien war, in Libyen, in Somalia, im Irak.
Wenn er auspackt, wird es mit vielen Ländern Probleme
me geben. Die Kontakte sind zwar bekannt, aber er
kann sie beweisen.«*

(Hans-Joachim Klein im »Stern«, September 1994)

Carlos war ein Phänomen, das es in der Form nur in
den 70er und 80er Jahren geben konnte, solange der
Kalte Krieg die Machtblöcke sich aneinander reiben
ließ. Seine Terroraktionen lassen sich in zwei Phasen
einteilen. Am Anfang mordete er für die Palästinenser.
Es war die Zeit, in der die arabische (und damals noch
östliche) Seite glaubte, man müsse Israel zerstören und
Palästina mit Panzern und Kanonen zurückerobern.
Der palästinensische Terrorismus war ein Teil des Gesamtkonzepts.
samtkonzepts. Er fügte den Israelis und ihren Freunden
sehr schmerzhafte Nadelstiche zu, konnte den Judenstaat
staat jedoch niemals in irgendeiner Weise gefährden.
Auf palästinensischer Seite gab es Leute, die als
Idealisten handelten, und andere, die sich hemmungslos
los bereicherten und ihren eigenen Sadismus auslebten.
ten. Carlos gehörte wohl eher zur zweiten Gruppe.
Wenn er heute Bilanz ziehen würde, dann müßte er
rasch merken, daß die Attentate während seiner palästinensischen
stinensischen Phase nichts gebracht haben, was die
Zeit überdauern könnte. Fast alle Akteure des palästinensischen
nensischen Terrorismus liegen längst unter der Erde,
und im Falle von Abu Nidal ist es sicher nur eine Frage
ge der Zeit.

194

Die osteuropäische Phase – aus deren Aktivitäten sich die Sowjets interessanterweise komplett heraushielten – war mehr Aktionismus als alles andere. Nur wenige Terroranschläge dienten den Zielen von Carlos' neuen Herren im Ostblock. Der Anschlag auf Radio Free Europe in München ist wohl das beste Beispiel dafür. Carlos und seine Bande wurden nie von der DDR-Staatssicherheit geführt, sondern immer nur toleriert und intensiv beobachtet – aber auch das ist strafwürdig.

Es gab einige verdächtige Gespräche zwischen Helmut Voigt und Johannes Weinrich. Beide Beteiligten würden heute wohl sagen, man habe lediglich laut gedacht. Der Osten ärgerte sich beispielsweise über die regelmäßig zum »Tag der deutschen Einheit« wiederkehrenden Luftballonaktionen der Westberliner. Da soll Weinrich gefragt worden sein, ob man nicht mal etwas legen könne, zum Beispiel in der U-Bahn. Der pro-arabische und militant anti-israelische Voigt soll Weinrich gegenüber geäußert haben, es wäre ganz gut, »mal die Knesset wegzusprengen«. Auf DDR-Seite wurde angedacht, die Carlos-Bande für den »anti-imperialistischen Kampf zu verwenden«. Dazu zählte auch die Liquidation von Dissidenten. Es kam aber nie soweit.

Die Jugoslawen wußten sich stets selbst zu helfen, wenn es darum ging, Oppositionelle ins Jenseits zu schicken. Ende der 70er und Anfang der 80er Jahre rückten immer wieder Belgrader Killerkommandos aus, speziell gegen Exil-Kroaten. Dasselbe gilt für die Bulgaren. Ihre wichtigste Aktion war der Mord an einem Regimegegner in London. Die Tatwaffe: ein vergifteter Regenschirm.

Den vergleichsweise friedfertigen Ungarn und Tschechen kam es nie in den Sinn, andersdenkende

Landsleute jenseits ihrer Grenzen ermorden zu lassen oder mit spektakulären Anschlägen auf sich aufmerksam zu machen. Ihre Staatssicherheit behinderte Dissidenten, steckte sie ins Gefängnis. Dazu brauchte man keinen Topterroristen und keine Organisation internationaler Söldner. Nur die Rumänen ließen Carlos für sich arbeiten. Das bitterarme Land bezahlte dafür reichlich mit seinen raren Dollars.

Zur zweiten Phase gehörte auch die grenzenlose Rachsucht des Venezolaners, als man ihm seine Freundin entzog und auf Jahre ins Gefängnis steckte. Das traf den lateinamerikanischen Macho und Bandenführer ins Mark. Er glaubte fest, die Franzosen würden klein beigeben und Magdalena Kopp nach einigen Bombenanschlägen heimschicken. Er hatte sich getäuscht. Paris wollte es mit ihm aufnehmen und sitzt letzten Endes am längeren Hebel. Die Franzosen werden ihm jedes Attentat heimzahlen. Der bösartige »Ehrenmann« wird den Rest seines Lebens hinter dikken Mauern verbringen.

Genau genommen, war auch die zweite Phase ein Fehlschlag. Eine reichlich romantische Bestandsaufnahme der Stasi mit Datum vom 7. Mai 1984 erklärte, warum sich gerade die konservativen und zutiefst spießigen Kommunisten mit dieser kaum kontrollierbaren Gruppe von Abenteurern einließen:

>*Nach eigenen Angaben bezeichnen sie sich nach wie vor als ›Organisation Internationaler Revolutionäre‹, die in der ganzen Welt um Freiheit und Unabhängigkeit kämpfende Kräfte unterstützen will. Sie streben keine staatliche oder organisatorische Abhängigkeit an, sondern wollen unter allen Umständen ihre Autonomie erhalten. Als Hauptziel ihres Kampfes*

nennen sie immer wieder den Kampf gegen Imperialismus, Zionismus und Kolonialismus.

Als Grundpositionen vertreten sie

- *›Revolutionärer Terror‹ wird bis zur Erreichung des strategischen Zieles – Befreiung der Menschen von Imperialismus – als legitime Waffe angewandt.*
- *Bei der Durchsetzung des strategischen Zieles steht der bewaffnete Kampf im Vordergrund.*
- *Hauptverbündete in diesem Kampf sind die sozialistischen Länder. Aufgrunddessen werden zu ihnen aus strategischen Erwägungen freundschaftliche Beziehungen angebahnt bzw. aufrechterhalten.*

Diese Position, in der sich die Gruppe als Teil der Front gegen den Imperialismus bezeichnet, vertritt sie bis zum gegenwärtigen Zeitpunkt. Die sozialistischen Staaten seien in dieser Auseinandersetzung ihre strategischen Verbündeten, die jedoch auf vielen Gebieten zu defensiv operieren. So müsse beispielsweise der gesteigerten Aggressivität des Imperialismus, speziell der USA, offensiver entgegengetreten und mit terroristischen Aktionen beantwortet werden.« (sprachliche Fehler übernommen, d. Autor).

Es wäre eine lohnende Aufgabe, herauszufinden, ob man wirklich an diesen ideologischen Unsinn geglaubt hat, oder ob man es sich immer wieder einreden mußte, um die legale Anwesenheit einer Mörderbande in diesem Law-and-Order-Staat für sich selbst plausibel zu machen. Kritische Stimmen innerhalb der Stasi klangen so: »Es wurde bisher deutlich, daß sie (die Carlos-Terroristen, d. Autor) die realen politischen Bedingungen und Zusammenhänge der gegenwärtig in

verschärfter Form stattfindenden Klassenauseinander-
setzung nicht erkennen bzw. nicht erkennen wollen.«
Es dauerte Jahre, bis sich diese Auffassung durchsetz-
te. Zu spät, um zugunsten der DDR anerkannt werden
zu können.

Und noch nachdem die ersten Maßnahmen angelaufen waren, um Carlos und seine Komplizen zurückzu-
drängen, zitterten jene, die zum Jahrestag der Oktober-
revolution regelmäßig die Panzer rollen ließen und
sich riesiger Armeen und Millionen skrupelloser
Staatsschützer bedienten, angesichts dieser Bande von
mehreren Dutzend Desperados vor Angst. Die Stasi
notierte: »Beachtet werden muß dabei jedoch, daß auf
Grund der Situation in der Gruppe und der Unbere-
chenbarkeit ihrer führenden Mitglieder bei Repressivmaßnahmen gegen sie, Rache- und Trotzreaktionen
gegen die sozialistischen Staaten nicht ausgeschlossen
werden können.«

Es gab keine Racheaktionen, weil Carlos dazu gar
nicht in der Lage war. Er mußte sich fügen, als man
ihm seine Logistik in Osteuropa kappte und die Rei-
sewege sperrte. Dann ging er eben wieder in den Nahen Osten. Er flirtete mit den hartgesottenen Geheimdiensten der arabischen Hardliner – in Syrien, Libyen,
Südjemen, dem Irak, Algerien. Was Regierung und
Geheimdienste betraf, war der Libanon Niemandsland
und konnte von Carlos' Leuten wie von allen anderen
großen und kleinen waffenstrotzenden Psychopathen
problemlos benutzt werden. Nachdem er Osteuropa
verlassen hatte, gab es keine erkennbare, spektakuläre
Carlos-Aktion mehr, genau genommen seit Silvester
1983. Er ruhte sich auf gefälschten Lorbeeren aus und
lebte von gestohlenem Geld. Nichts, worauf er hätte
stolz sein können.

Worauf war er also stolz? Auf seinen guten Geschmack, beispielsweise. In dem berühmten Interview von 1979 erklärte er: »Ich liebe gutes Essen, gute Drinks, gute Zigarren und gute Schuhe. Ja, ich bin ein Genießer... Ich liebe Tanzparties. Ich liebe auch das Theater, im besonderen das klassische. Ich will selbst nichts besitzen. Was ich habe, das gehört mir und den anderen. Ich könnte jeden Moment alle meine weltlichen Besitztümer für die Revolution aufgeben. Was mich betrifft, die Revolution ist das stärkste Elixier.« Damals war er gerade dreißig Jahre alt, hatte die OPEC-Minister verschleppt und gab sich schwärmerisch wie ein Sechzehnjähriger.

Diesen Zug an ihm kannten auch seine Gegner, konnten ihn aber nie richtig für sich nutzen. Pierre Marion war sicherlich einer der härtesten Geheimdienstchefs der westlichen Welt. Der heute Dreiundsiebzigjährige über den Mann, den er vergeblich jagte: »Er war ein Auftragskiller für Geheimdienste und Terrorgruppen, mit einem kleinen Team um sich herum. Er galt als Könner, obgleich ihm ja einige spektakuläre Aktionen danebengingen. Ein Playboy, auch ein Genießer, aus sehr reichem Hause, aber Marxist. Einer, der sich an keine Regel hält und keine Autorität respektiert. Er trank gern. Seine Ausflüge ins Nachtleben waren für die Geheimdienste, die ihn schützten, ein echtes Problem. Er galt als Macho, der das Töten liebte.«

Mit diesen Eigenschaften und Interessen hätte Carlos in der Terrorismusszene der 90er Jahre nicht die geringste Chance. Wenn er heute wie ein alternder Mafioso zurückkäme, dann würde er kaum noch jemanden von seinen alten Kumpanen treffen. Das gilt für die Genossen von der baskischen »ETA – Politico

Militar«, wie auch für die armenische »Asala« und die »Arabische Organisation des 15. Mai« des erschreckend perfekten Bombenbauers Abu Ibrahim und auch für die griechische Sektierergruppe »ELA«.

Die PLO ist heute staatstragend, und die radikalen Gruppen werden von friedensbereiten Regierungen in Schach gehalten. Auch die Terrororganisationen in Ländern wie El Salvador, Kolumbien und Venezuela sind längst nicht mehr das, was sie einmal waren. Carlos würde wohl nicht verstehen, warum einstige Commandantes heute anstelle von Krieg nur noch Wahlkampf betreiben.

Der neue Terrorist verläßt sich vor allem auf sich selbst, ist zutiefst von Religiosität durchdrungen und erkennt als höhere Autorität auf Erden nur Führungsmullahs und Ajatollahs an. Er hat irgendwann eine Überdosis Haß auf den Westen und alle seine Werte in sich aufgenommen, auf die Freunde des Westens in der islamischen Welt und auf den regionalen Fremdkörper Israel. Auch der Terrorist der 90er Jahre wird, aber das will er gar nicht so genau wissen, von Geheimdiensten gesteuert, allen voran dem iranischen. In den letzten Jahren sind weltweit nur wenige bedeutende Terroranschläge passiert, die keine »Fingerabdrücke« aus Teheran trugen.

Der neue Terrorist lebt in einem Umfeld ohne traditionelle Strukturen. Bedienten sich die Terrororganisationen der Vergangenheit eines mafiaähnlichen Aufbaus und eines klaren Befehlsweges, so besagt die heutige Regel, daß es keine Regeln gibt. Die radikal-islamischen Gruppierungen befinden sich ständig im Umbruch. Eine Beschreibung ihres Erscheinungsbildes ist am nächsten Tag, in der nächsten Woche oft schon wieder ungültig.

Das macht es der Terrorabwehr so schwer, brauchbare Voraussagen zu treffen. Viele Täter der letzten Jahre wurden aus eigenem Antrieb aktiv. Nicht wenige Hamas-Aktivisten wissen morgens noch nicht, daß sie abends ein langes Messer nehmen und an einer Bushaltestelle wartende Israelis töten werden. Ein religiöser Impuls oder ein zufälliges Ereignis im Laufe des Tages dient als Auslöser. Terrorismus ist mehr denn je zum unkalkulierbaren Risiko geworden, der Terrorist Carlos zu einem Museumsstück.

IV
Carlos
und die Medien

»Was verleiht der jungen Frau auf diesem großen Foto ihre geradezu magische Anziehungskraft? Ist es dieser bohrende und irgendwie doch unerklärbar sanfte Blick aus dunklen, fragenden Augen? Verführt vielleicht der sinnliche Mund zu verzweifelter Hoffnung auf immer neue, nie endende und unbestimmte, gefährliche Abenteuer?«

(Die Illustrierte »Quick« am 14. Mai 1992 über Magdalena Kopp)

Bei kaum einem anderen Thema haben sich die internationalen Medien mehr der Lächerlichkeit preisgegeben als in ihrer Berichterstattung über den Terroristen Illich Ramirez Sanchez alias Carlos. Er war Fantomas und Dr. Mabuse, James Bond und Batman, Dr. Jekyll und Mr. Hyde. Kein Superlativ reichte aus, um seinen Ruhm angemessen zu mehren. Mitte der 70er Jahre wurde der Sechsundzwanzigjährige am selben Tag auf beinahe allen Erdteilen gesehen, war an beinahe jeder Terroraktion beteiligt und verführte in der restlichen Zeit scharenweise Frauen. Er verfügte über eine Atombombe und bereitete die Ermordung von Ronald Reagan, des persischen Schah und des römischen Papstes vor. Der Superterrorist, von nahöstlichen Designern geschaffen, schien eine Marktlücke zu füllen.

Frederick Forsyth, ein Meister spannender Fiction, Frederick Forsyth, schrieb ein Buch mit dem Titel »Der Schakal«. Es handelt von einem – erfundenen – Leihkiller, der es auf Charles de Gaulle abgesehen hat. Ein Liebhaber von Carlos' Londoner Freundin Angela

Otaola erzählte dem Carlos-Biographen David Yallop, er habe ein Exemplar jenes Buches besessen. Bei einer Hausdurchsuchung sei es fälschlicherweise als Eigentum von Carlos angesehen und beschlagnahmt worden. Ein Londoner Zeitungsredakteur erfuhr davon und bauschte diese bedeutungslose Information unglaublich auf. Ein künstlicher Spitzname war geboren, nach dem die gesamten Medien seither süchtig sind: Carlos ist »der Schakal«.

In den ersten Jahren der Carlos-Welle überschlugen sich verschiedene Autoren mit immer neuen Enthüllungen über den KGB-Geheimagenten Carlos, über seine Ausbildung beim kubanischen Geheimdienst DGI im Lager Matanzas, über seine engen Kontakte zu kubanischen Schlapphüten in Paris. Das war alles aus der Luft gegriffen, auch wenn ganze Bücher auf diesen Annahmen basierten. Sogar die ehrbare Londoner »Times« stolperte in die Falle. Am 29. Juli 1975 titelte sie: »Ist der Schakal ein von Moskau ausgebildeter Terrorist, der außer Kontrolle geraten ist?«

In dasselbe Horn stießen professionelle Gerüchteköche wie der Leiter des Londoner Instituts für Konfliktforschung, Brian Crozier, sowie die US-Journalistin Claire Sterling in ihrem Buch »Das internationale Terrornetz«. Nichts paßte besser in beider Konzept als ein von Moskau entsandter terroristischer Serienkiller, der dabei war, die Welt zu zerstören. Im Laufe der Zeit wurde immer klarer, daß sie und andere ihre »Exklusiv«-Informationen direkt von der CIA bezogen, daß zumindest Crozier der Dienst in Langley ausgesprochen vertraut war.

Andere, die dem US-Geheimdienst gemeinhin kritisch gegenüberstehen, konnten der verlockenden Idee einer Connection zwischen Carlos und dem »Reich des

Bösen« ebenfalls nicht widerstehen. So schrieb »Time« am 5. Januar 1976: »Er (Carlos) besuchte vier Sondereinrichtungen der sowjetischen Geheimpolizei nahe Moskau und nahm dort an Kursen in politischer Indoktrination und Sabotage, Waffenkunde und Killerkarate teil.« Der Propaganda-Feldzug gegen die Sowjets und ihre kubanischen Vasallen, die man damals als Gegner viel ernster nahm als heute, war in vollem Gange. Keiner ließ sich besser in dieses Desinformationskonzept einfügen, als Carlos. Niemand konnte ihn treffen und nach der Wahrheit fragen. Und wenn es doch jemand geschafft hätte, keiner hätte ihm geglaubt. Wie viel schöner war doch die Räuberpistole vom gefährlichen KGB-Agenten.

Jahrelang schrieben die Carlos-»Experten« voneinander ab. Brian Crozier stellte eine Behauptung auf, und Colin Smith übernahm sie in seinem Carlos-Buch, dem ersten überhaupt. Das fanden die britischen Autoren Christopher Dobson und Ronald Payne ganz aufregend, und so sponnen sie das Garn weiter. Claire Sterling, die 1981 mit ihrem Bestseller auf den Markt kam, frischte die phantastischen Theorien der anderen auf, damit sie nicht in Vergessenheit gerieten. Auf diese Weise – und mit Hilfe unzähliger, mehr oder weniger unseriöser Zeitungsartikel – entstand ein Phantom, wie es die Welt noch nicht erlebt hatte. Noch 1992 wurde es von Stephan Meier in seiner Carlos-Biographie wieder aufgewärmt.

Alle, die vor der unkritischen Übernahme der gleichgeschalteten Carlos-Geschichtsschreibung warnten, wurden als Spinner abgetan. Er selbst meldete sich wohlweislich nicht zu Wort. Besseres als mythische Überhöhung konnte ihm ja nicht passieren. Es steigerte seinen Marktwert enorm. Damals kam auch niemand auf die Idee, ihn als Feigling darzustellen. Zeitlebens hatte Carlos nur Wehrlose angegriffen oder angreifen lassen, sogenannte »weiche Ziele«. Von dem OPEC-Anschlag abgesehen, hatte er jedes Risiko vermieden.

Als der synthetische Terrorstar, dessen Niederlagen bei weitem die Erfolge übertrafen, nach einiger Zeit in den Medien »verbraucht« schien, wurde eine neue, langlebige Falschmeldung lanciert. Es hieß, er sei nach der OPEC-Aktion »als enttarnter Agent nach Moskau zurückbeordert worden«. Das konnte seinerzeit natürlich keiner kontrollieren. Die Sowjets protestierten zwar, aber niemand nahm sie ernst.

Wer eine nahöstliche Variante bevorzugte, der siedelte Carlos beim bösen Gaddhafi an. Vermutlich israelische Autoren beschrieben die große weiße Villa am Mittelmeer, wo Carlos und seine Geliebten in Wartestellung auf neue Terror-Kommandounternehmen lebten. Und einmal – welcher Regisseur hatte eingegriffen? – sollte er in Libyen ermordet worden sein. Einige Jahre herrschte Funkstille. Er muß es genossen haben.

Dann kam die Syrienwelle. Die ersten stocherten mit der Stange im Nebel herum. ABC News widmete Carlos in »Prime Time Live« eine ganze Sendung. Der damalige Europa-Korrespondent Pierre Salinger dirigierte Kamerateams um die halbe Welt, um schließlich persönlich und außerordentlich mutig in eine leere Wohnung in Damaskus einzudringen. Das Fazit: Der Schakal lebte hier nicht mehr, aber er würde in Kürze als Saddam Husseins Geheimwaffe gegen den Westen auferstehen. Die »New York Times« bezeichnete die Sendung als »nebulös« und »ominös«.

Genausowenig Jagdglück wie Pierre Salinger hatte der Fernsehfilmer David Yallop. Die mit Hilfe von

David Munro entstandene Dokumentation hinterließ die Zuschauer ebenso ratlos wie die Leser des mehr als 600 Seiten dicken, 1992 erschienenen Yallop-Buches. Die »Süddeutsche Zeitung« in ihrer Besprechung: »Das nachgestellte Interview mit Carlos, welches den gesamten Film wie ein roter (allerdings recht krauser) Faden durchzog, war nicht nur zu Yallops Verblüffung eine Fälschung.« Der britische Starautor (»Im Namen Gottes«) war in siebenjähriger Recherche einem Betrüger aufgesessen und hatte nun alle Hände voll zu tun, sein Produkt zu retten.

Yallop tut dies, indem er dem Leser ellenlange, langweilige Hintergründe zu seinen jahrelangen Reisen auf den Spuren des »Schakals« (und auch auf anderen Fährten) erzählt. Er verliert sich im Gazastreifen und beim Palästinenser-Aufstand. David Yallop reiht sämtliche Klischees, frei Erfundenes und wahre Fakten über Carlos aneinander und erweckt zunächst den Eindruck, als glaubte er an all das. Demzufolge war Carlos auch am Olympia-Anschlag von München, an der Flugzeugentführung nach Entebbe, an der Geiselnahme der amerikanischen Diplomaten in Teheran und am Mordanschlag auf den israelischen Botschafter Shlomo Argov in London beteiligt. Dann widerruft Yallop alles wieder, indem er sagt, man müsse das doch anders sehen. Spätestens hier mag ihm der Leser nicht mehr folgen.

Zu den bizarrsten Behauptungen Yallops zählt die Mär von einem Sprengstoffanschlag der Syrer auf ein libysches Verkehrsflugzeug mitten auf dem belebten internationalen Flughafen von Damaskus. Nachdem die Syrer ihren bereits ungeliebten Carlos von seinem Tagesausflug nach Tripolis wieder zurückbekommen hatten, sollen sie sich mit dieser spektakulären Aktion an den arabischen Brüdern öffentlich gerächt haben. Und das Ende 1991. Eine Dichtung der Sonderklasse.

Der Wegweiser war auf Damaskus gerichtet, und nun rückten die Meister der Halbsätze wieder aus. Das Lieblingsblatt der Deutschen verkündete triumphierend: »BILD fand Carlos. Verheiratet mit deutscher Terroristin.« An der »Meldung des Tages« (14. Januar 1991) stimmte herzlich wenig. Die Adresse in Damaskus war falsch. Magdalena Kopp hatte mit der RAF nichts zu tun, und die Tochter hieß nicht Evita. Das Hotel Meridien in der syrischen Hauptstadt verfügt über kein Nobelrestaurant »Palmyra«. Nur eines lernte der gespannte Leser dazu: »Sein Filetsteak vom argentinischen Rind muß ganz durchgebraten sein. Blut auf dem Teller macht Carlos wütend.«

Monate später legt die Münchener »Abendzeitung« noch eins drauf. In einem umfangreichen Artikel wird die »Love-Story des Grauens« zwischen dem »schießenden und bombenden Alptraum« Carlos und seiner »Fotografin aus Ulm« beschrieben. Auch hier kommt eine Tochter mit Namen Evita vor, was wiederum zeigt, wer von wem abschreibt. Eine bedeutende neue Information erhält der geneigte Leser zum Ende serviert. Die Schwäbin Magdalena Kopp, so heißt es als Teil der erfundenen Home-Story, könne in Damaskus »ihre Familie ungestört mit Spätzle verwöhnen«. Dies veranlaßt die »Quick« Tage später, ebenfalls in die Haut der Magdalena Kopp zu schlüpfen. Der Autor versichert voller Überzeugung, die Ex-Terroristin habe »durchaus nicht die Absicht, ihr schönes Gesicht jemals wieder in der Öffentlichkeit zu zeigen«. Wann sie ihm das wohl erzählt hatte?

Die nächste und bislang letzte Carlos-Welle überschwemmte die Medien nach seiner Festnahme im Sudan. Von CNN bis zur kleinen Heimatzeitung wurde weltweit die Yallop-Fehlinformation übernommen, Carlos habe eine führende Rolle beim Münchner Olympia-Anschlag gespielt. Eine absurde Behauptung, die vor Erscheinen des Buches von Yallop noch nie eine Rolle gespielt hatte. Für jeden Experten und nicht wenige Laien, sogar für die Münchner Staatsanwaltschaft, war seit 1972 klar, daß Arafats »Schwarzer September« die israelischen Sportler überfallen und ermordet hatte.

Nach dem 15. August unternahm kaum ein Journalist den Versuch herauszufinden, ob Carlos im September 1972 überhaupt in der Lage war, die Münchner Olympiade anzugreifen. Nur in einem Artikel von Rudolph Chimelli in der »Süddeutschen Zeitung« vom 17. August 1994 ließ sich die Wahrheit nachlesen: »Für die Beteiligung von Carlos am Anschlag auf die israelische Olympia-Mannschaft in München gibt es dagegen nach französischen Erkenntnissen wenig Hinweise. Dafür wird der PLO-Ableger ›Schwarzer September‹ verantwortlich gemacht.« Diese Feststellung muß den ortsansässigen Kollegen vom Bayerischen Rundfunk entgangen sein, denn sie verwendeten die falsche Behauptung genau zwei Monate später erneut in einem Bericht über eine vom bayerischen Fernsehen entdeckte »Carlos-Basis« im tiefsten Franken.

Genügte es noch nicht, die Fakten zu verdrehen, so wurden nun auch die wenigen den Medien zur Verfügung stehenden Carlos-Fotos mit einem falschen Bild angereichert. Beginnend mit dem Vorabdruck des Yallop-Buches in England trat Carlos' Gehilfe Nabil Darbali seinen fotografischen Siegeszug als neuer Carlos an. Der Mann mit dem Schnauzer, den viele Blätter, unter anderem auch die Nachrichtenmagazine

»Le Point«, »L'Express« und »Time«, als aktuellen Carlos vorstellten, war niemand anders als der Geldkurier Darbali. Richtigstellungen halfen in diesem Fall so wenig wie beim Märchen vom Olympiaeinsatz. Ein namhafter Medienmann: »Die Leser haben sich an diese Version bereits gewöhnt. Es dient der Identifikation mit dem Thema.« Also verbreiten er und seine Kollegen weiterhin, und zum Teil wissentlich, die Unwahrheit.

Im Zweifelsfalle sollte man einmal in die abgehobene Welt der gealterten Linkspostille »Konkret« eintauchen. »Nach der Verhaftung des Erzbösewichts Carlos« veröffentlichte sie im Oktober 1994 auf ihn gemünzte »Anmerkungen zum Zusammenhang von ästhetischer Avantgarde und Terror«. Der Autor beschreibt das – von Carlos unabhängige – Gemetzel japanischer Terroristen im Ankunftsbereich des Flughafens von Tel Aviv (26 Tote, 80 Verletzte) und bezeichnet es als »Happening ... mit Hilfe moderner Waffen«. An späterer Stelle spekuliert er schließlich, »wie sich die Aktivitäten von Carlos und seinen Verbündeten in die Geschichte und Praxis von Performancekunst einpassen ließen«.

Der Bildtext zum alten Foto von Carlos mit der dunklen Sonnenbrille: »›Neo-Haiku Flux-Ereignis‹ oder ›neubarockes Happening‹?«

V
Carlos
und die Zukunft

»H.-J.: Was mich fasziniert hat? Seine Gewandtheit, sein Sinn für Luxus, seine Waffen, die Tatsache, daß er sechs Sprachen spricht, die Wahnsinnsmenge von Zeitungen, die er noch in anderen Sprachen las, seine Kenntnis der politischen Begebenheiten auf der ganzen Welt, sein Haus, das vollgestopft war mit Sprengkörpern. Für mich war er ein terroristischer Gentleman.

D.: Ein bißchen James Bond ...

H.-J.: Ja, ein revolutionärer James Bond, einer, der auf sein angenehmes Leben in Venezuela verzichtet hat für den gefährlichen Beruf des Guerillero. Er kam aus besten bürgerlichen Kreisen und verleugnete es nicht. Damit hat er auch seinen Luxus gerechtfertigt, was Restaurants und Hotels anging.«

Daniel Cohn-Bendit im Gespräch mit Hans-Joachim Klein, der seit seiner Trennung von Carlos im Untergrund lebt. (Daniel Cohn-Bendit: Wir haben sie so geliebt, die Revolution, Frankfurt 1986)

Die internationale Jagd auf die Versprengten der Carlos-Bande hat begonnen. Seit die ehemalige Leitfigur hinter französischen Gittern sitzt, scheinen alle Dämme gebrochen. Den Polizeibehörden gelingen Fahndungserfolge, auf die man viele Jahre warten mußte. Besonders intensiv wird noch nach Johannes Weinrich gesucht. Er ist, genauso wie sein früherer Chef, ein Meister der falschen Pässe und des konspirativen Reisens. Zuletzt wurde seine Anwesenheit in Damaskus im Sommer 1993 bemerkt. Der Bundesnachrichtendienst verfolgte Weinrichs Spur nach

214

Dschibuti. Von dort soll er nach Libyen geflogen sein. Gerüchte vermuten ihn in Belgrad, im Jemen, wieder in Damaskus, fast überall. Der vor einem Jahrzehnt durch die Staatsanwaltschaft Frankfurt aufgehobene Haftbefehl wurde von den Berliner Anklägern ohne neuen Sachverhalt wieder in Kraft gesetzt. Die spätere Anklage wird auf gemeinschaftlichen Mord und Beihilfe zum gemeinschaftlichen Mord in den Fällen »Radio Free Europe«, »Maison de France«, Flughafen Orly und beim Anschlag auf den saudischen Botschafter in Athen lauten.

Magdalena Kopp, gegen die in Deutschland jetzt intensiv ermittelt wird, befindet sich weiterhin unter dem Schutz des Ramirez-Clans. Der »Spiegel« meldete sechs Wochen nach der Festnahme ihres Ehemannes, Magdalena Kopp (Ramirez?) lebe auf der Hazienda »Los Suspiros« (Die Seufzer) in den Bergen Tachiras nahe der kolumbianischen Grenze. Das Anwesen gehöre Carlos' Onkel Carlos Julio Ramirez. Westliche Geheimdienste wollen bemerkt haben, daß Carlos' Bruder Lenin seine Schwägerin aufmerksam betreut.

Mit den Revolutionären Zellen, den »Fußsoldaten« des Häftlings Nummer 258187, geht es seit langem bergab. Der Verfassungsschutzbericht von 1993 widmet ihnen gerade 39 Zeilen, und diese müssen sie sich sogar mit ihrer Frauenorganisation »Rote Zora« teilen. Die Späher vom Bundesamt für Verfassungsschutz erwähnen, daß sich eine RZ-Zelle dafür aussprach, auch »künftig ›militante Politik‹ zu betreiben, allerdings nicht losgelöst von Gruppierungen, die ›radikalen Widerstand‹ entwickelten«. Noch immer gelte das alte Konzept, möglichst viele autonome Zellen zu unterhalten. Der deutsche Behördenapparat reagiert auf die RZ eher träge. Gemäß alter Tradition werden ihre Aktionen nur bedingt ernst genommen. Der Staat entfaltet seine volle Kraft erst dann, wenn die RAF am Werk war.

Die Revolutionären Zellen wollen sich auch künftig in der Asyl- und Ausländerpolitik engagieren. Brandanschläge, so sagen sie, seien nicht falsch, nur weil sich die Faschisten ihrer bedienten, »jedoch müsse das Risiko für unbeteiligte Menschen auszuschließen sein«. Eine RZ-Gruppe zerstörte im Oktober 1993 die Stromversorgungsanlage des Grenzschutzamtes Frankfurt/Oder und Dienstfahrzeuge des Bundesgrenzschutzes am Flughafen Rotenburg bei Görlitz. In einem Bekennerschreiben wurden die Aktionen als Widerstand gegen die Änderung des Asylrechts sowie die staatlichen Abwehrmaßnahmen gegenüber der Zuwanderung von Flüchtlingen erklärt.

Bei all dem handelt es sich um die nationalen RZ. Der internationale Flügel hat sich längst aufgelöst. Einige Aktivisten, wie Brigitte Kuhlmann, Wilfried Böse oder Gerd Albartus, sind tot, andere, wie Christa Fröhlich, haben sich zurückgezogen. Einige Mitglieder aus alten Frankfurter Tagen, die sich von der Carlos-Fraktion ferngehalten haben, sind verschwunden. Sie sollen irgendwo in Europa unter einfachen Bedingungen gewaltfrei leben. Hans-Joachim Klein lebt in einer Weise, die ihn gesundheitlich immer mehr belastet. Wenigstens er meldet sich gelegentlich zu Wort.

Der Traum vom militanten Internationalismus ist spätestens seit Entebbe ausgeträumt. Damals konnten die jungen Linken ihren palästinensischen Mentoren nicht mehr folgen. Der Nachruf auf den in Damaskus ermordeten Gerd Albartus dokumentiert es:

216

»Unter dem Eindruck des Verlustes der Freunde (Kuhlmann/Böse) waren wir zunächst unfähig, die politische Dimension der Katastrophe zu ermessen. Anstatt wahrzunehmen, was uns vorgehalten wurde, nämlich daß wir als Organisation an einer Operation teilhatten, in deren Verlauf israelische Staatsbürger und jüdische Passagiere anderer Nationalität ausgesondert und als Geisel genommen worden waren, beschäftigten wir uns vor allem mit dem militärischen Aspekt der Operation und ihrer gewaltsamen Beendigung...

Das Kommando hatte Geiseln genommen, deren einzige Gemeinsamkeit darin bestand, daß sie Juden waren. Soziale Merkmale wie Herkunft oder Funktion, die Frage der gesellschaftlichen Stellung oder der persönlichen Verantwortung, also Kriterien, die wir eigentlich unserer Praxis zugrundelegten, spielten in diesem Fall keine Rolle. Die Selektion erfolgte entlang völkischer Linien. Daß die einzige Geisel, die die Flugzeugentführung nicht überlebte, eine ehemalige KZ-Inhaftierte war, ging zwar nicht unmittelbar zu Lasten des Kommandos, lag aber nichts desto weniger in der Logik der Aktion.«

Entebbe habe »die einfachsten Grundsätze revolutionärer Politik und Moral, die wir sonst für uns in Anspruch nehmen, auf den Kopf gestellt«. Die »Erfahrung von Entebbe« hatte bei den RZ »tiefe Spuren hinterlassen« und schließlich zum »allmählichen Rückzug aus den internationalen Kontakten« geführt. Man sah den Nahost-Konflikt trotz emotionaler Bindungen an die arabische Sache sehr viel differenzierter und unternahm seither nichts mehr, »was auf israelische Einrichtungen zielte«. Am Ende der vierzehnseitigen, engbeschriebenen Erklärung zum Tod von Gerd Albartus heißt es: »Was wir auf internationaler Ebene machten, war nicht die antiimperialistische Dimension dessen, wofür wir in der BRD kämpften, sondern stand in krassem Gegensatz dazu. Wir mußten uns entscheiden. Wer unsere Praxis in den 80er Jahren verfolgt hat, weiß, wie diese Entscheidung ausgefallen ist.«

Die Feierabend-Terroristen sagten sich von Carlos und seinen palästinensischen Kumpanen los. Am Ende unterstützten ihn sowieso nur noch Weinrich und Kopp sowie einige arabische Gefolgsleute. Niemand weiß genau, ob die Übriggebliebenen der Gruppe Anschläge gegen französische Einrichtungen vorbereiten, ob sie überhaupt noch handlungsfähig sind – und ob sie Zugriff auf die Konten des Chefs haben.

Nach der Verhaftung von Carlos setzten die eidgenössischen Behörden in enger Kooperation mit der Berliner Justiz in der zweiten Septemberhälfte vier Mitglieder der sogenannten »Schweizer Gruppe« fest. Neben Bruno Breguet hatten dem Topterroristen während seiner osteuropäischen Tage noch einige andere Schweizer zugearbeitet. Sie stehen im Verdacht, auch an Anschlägen beteiligt gewesen zu sein. Einer von ihnen ist der seit langem bekannte Züricher Anarchist Giorgio Bellini, genannt »Roberto«. Buchhändler von Beruf, war er früher in der Züricher Buchhandlung »Eco Libro« anzutreffen, Anfang der 80er Jahre eine bekannte Anlaufstelle für italienische Linksextremisten. Szenegrößen wie Petra Krause und Peter Egloff gehörten zu seinen Freunden. Bellini tauchte immer wieder im Zusammenhang mit palästinensischen und italienischen Terrorgruppen auf.

Die Verbindungsfrau der Schweizer Gruppe zur Carlos-Bande war Marina Berta, Codename »Sally«. Von der Stasi wurde sie als vollwertiges Mitglied von

»Separat« angesehen. Unter den Festgenommenen waren das Ehepaar Berthe (Deckname »Theresa«) und Olivier de Marcellos.

Der nächste Coup der Fahnder folgte am 25. Oktober 1994 in Wien. Mitglieder der österreichischen Anti-Terror-Einheit »EBT« holten den mit internationalem Haftbefehl gesuchten Faisal Summak nach monatelanger Vorbereitung aus seinem Hotel. Summak, der mit einem syrischen Diplomatenpaß reiste, war einst Botschafter seines Landes in Ostberlin gewesen. Er hatte den von Johannes Weinrich übernommenen Sprengstoff bis zu seiner Verwendung beim Anschlag auf das »Maison de France« in seiner Botschaft verwahrt.

Sein Untergebener Nabil Shritah war es, der das Bombenmaterial später an Weinrich zurückgegeben hatte. 1989 war Summak nach Syrien zurückgekehrt und hatte zuletzt als Generaldirektor der syrischen Tabakindustrie gearbeitet. Die Berliner Justiz beantragte seine Auslieferung. Faisal Summak und Nabil Shritah sollen sich in künftigen Prozessen für ihren freundschaftlichen Umgang mit der Terrorszene verantworten müssen.

Sie werden im Komplex Carlos nicht die letzten sein.

Literaturhinweise

Colin Smith: Carlos. Portrait of a Terrorist, London 1976.

Christopher Dobson /Ronald Payne: The Carlos Complex. A Pattern of Violence, London 1977.

Dennis Eisenberg /Eli Landau: Carlos. Terror International, London 1976.

Stephan Richard Meier: Carlos. Demaskierung eines Topterroristen, München 1992.

David Yallop: Die Verschwörung der Lügner. Die Jagd nach dem Top-Terroristen Carlos, München 1993.

Laszlo Liszkai: Carlos. A vas függöny aruyekaban, Budapest 1992.

GERHARD KONZELMANN

ARAFAT

Vom Terroristen zum Mann des Friedens

BASTEI LÜBBE

Band 61296

Gerhard Konzelmann

Arafat

Die westliche Welt fürchtete ihn, den Mann mit Stoppelbart und palästinensischem Kopftuch. Der Chef der Kommandoorganisation Al Fatah und Vorsitzende der Palästinensischen Befreiungsorganisation PLO war als Terrorist verschrien. Er war verantwortlich für den Anschlag auf die israelische Olympiamannschaft in München, für Flugzeugentführungen, für blutige Anschläge in Israel. Er selbst hat Attentate und gezielte israelische Luftangriffe überlebt. Er war der Verlierer der Bürgerkriege in Jordanien und im Libanon. Oft hieß es, er sei tot, aber er hat sieben Leben. Er war der Feind des Staates Israel – und ist nun sein Partner im Kampf gegen religiöse Fanatiker im Gazastreifen.

BASTEI LÜBBE

Als Band mit der Bestellnummer 60 308 erschien:

Ein Insider-Report über die gefährlichste Drogenmafia der Welt. Spannend wie ein Thriller — aber er beschreibt die nackte Wahrheit.

BASTEI
LÜBBE

Biographie

Als Band mit der Bestellnummer 61241 erschien:

Die bewegend geschriebene und sorgfältig recherchierte
Biographie des angesehensten israelischen Politikers.
Vorgelegt von dem ZDF-Korrespondenten Rudolf Radke,
der Kollek schon seit vielen Jahren kennt.

Mit zahlreichen Abbildungen

Band 60349

Claire Sterling
Die Mafia

Die international agierende sizilianische Mafia hat ihre frühen amerikanischen »Ableger« längst überholt. Mit ihren schier unbegrenzten Mitteln übt sie nun auch entscheidenden Einfluß auf mulitnationale Industrie- und Dienstleistungsunternehmen aus.

Durch unglaublich schwierige, gefährliche Recherchen ist es Claire Sterling gelungen, Informationen, Details, Dokumente und Aussagen der verschiedensten Leute zusammenzutragen. Sie zeichnet so das umfassende Bild der größten Verbrecherorganisation, einer wahren Geißel der Menschheit. Ihr Buch übertrifft an Materialfülle und Details, an Genauigkeit und Enthüllung alles, was bisher zu diesem Thema geschrieben worden ist.